本书是北京市社科基金重点项目（项目编号：18GLA003）、
北京市优秀人才青年拔尖团队项目（项目编号：2017000026833TD01）的阶段性成果

北京市高精尖产业研究：
历史、现状与评估

范合君 等 著

首都经济贸易大学出版社
Capital University of Economics and Business Press
·北 京·

图书在版编目（CIP）数据

北京市高精尖产业研究：历史、现状与评估/范合君等著. --北京：首都经济贸易大学出版社，2021.1

ISBN 978-7-5638-3165-4

Ⅰ.①北… Ⅱ.①范… Ⅲ.①高技术产业—产业发展—研究—北京 Ⅳ.①F269.271

中国版本图书馆 CIP 数据核字（2020）第 241498 号

北京市高精尖产业研究：历史、现状与评估
BEIJINGSHI GAOJINGJIAN CHANYE YANJIU：
LISHI XIANZHUANG YU PINGGU
范合君 等著

责任编辑 胡 兰
封面设计 风得信·阿东 FondesyDesign
出版发行 首都经济贸易大学出版社
地　　址 北京市朝阳区红庙（邮编 100026）
电　　话 （010）65976483 65065761 65071505（传真）
网　　址 http：//www.sjmcb.com
E-mail publish@cueb.edu.cn
经　　销 全国新华书店
照　　排 北京砚祥志远激光照排技术有限公司
印　　刷 北京九州迅驰传媒文化有限公司
开　　本 710 毫米×1000 毫米 1/16
字　　数 158 千字
印　　张 9
版　　次 2021 年 1 月第 1 版 2021 年 1 月第 1 次印刷
书　　号 ISBN 978-7-5638-3165-4
定　　价 36.00 元

前　言

2017年12月26日，北京市正式出台《北京市十大高精尖产业指导意见》，这一政策旨在推动北京市产业结构迈向高端化，促进经济的高质量发展。据统计，北京市高精尖企业超过60万家，日均新设高精尖企业292家。根据北京市发展和改革委员会的数据，“十三五”期间，北京经济高质量发展迈出坚实步伐，高精尖经济结构加快构建，尤其是高技术产业和战略性新兴产业增加值占GDP比重分别达到24.4%和23.8%。北京市有独角兽企业93家，是全球独角兽企业最多的城市，3成以上的独角兽企业处于人工智能、大数据、生物医药等前沿科技领域。

本书总共有七章。第1章介绍了北京市高精尖产业的发展历程。第2章从区域和产业分别归纳总结高精尖产业政策。第3章梳理了北京市高精尖产业行业布局并利用产业评价指标进行评价。第4章统计了北京市高精尖产业区域布局状况，并重点评价“三城一区”的发展现状。第5章分析了北京市高精尖产业各个园区的建设发展现状，具体包括中关村国家自主创新示范区、北京经济技术开发区、北京天竺综合保税区以及六大高端产业功能区。第6章构建了高精尖产业发展驱动因素评价指标，以对比出北京市产业园区建设在全国园区中所处的位置。第7章建立了高精尖产业评价指标，有效评估各个地区产业高端化的发展程度。

本研究具有一定的学术价值和实践价值。一方面丰富了北京市高精尖产业的研究成果。通过梳理高精尖产业演进历程、分析产业发展现状、构建评估指标体系，系统剖析了北京市高精尖产业的政策实施效果。另一方面也为我国其他地区发展高精尖产业提供了经验借鉴。其他地区可以借鉴北京市发展模式，因地制宜地制定高精尖产业政策，以推动本地区经济高质量发展。

目录
CONTENTS

1 北京市发展高精尖产业的历史演进[①]

1.1 高精尖产业基本内涵

为顺应国内外经济形势，强化首都四个功能，推动京津冀协同一体化发展，北京市在2014年明确表示摒弃“大而全”的经济体系，腾笼换鸟，筑巢引凤，构建“高精尖”经济结构，高精尖产业被推向“求变谋发展”的风口浪尖。回顾高精尖产业的演进历史，就是回眸北京市经济发展的历程。

1.1.1 高精尖产业概念

自20世纪60年代高精尖产业发展提出至今，经过不断地摸索创新，始终指导着北京市经济发展的方向，但因发展背景的差异，在不同的阶段，人们对于高精尖产业有着不同的理解。20世纪60年代提出的涵盖精兵主义和精品主义的高精尖产业，更多地关注质量，强调质量第一（董斌，2016）。随着时间的推移，北京市经济发展的方向已然改变，而高精尖产业也被赋予了更加丰富的内涵。

当下，由于学者们关注的焦点不同，因此对于高精尖产业的理解也稍有差异。唐建国（2016）主要立足经济结构、产业和产品三个层面，从附加值、劳动生产率、技术创新等角度研究高精尖产业；王玉海、田建国（2017）等更加注重创新，认为高精尖是构建以创新为驱动力，以技术、知识密集型产业为引领，以首都城市战略定位为主、特色产业为辅，具备比较和竞争优势的核心企业为要点的经济结构；吴海建、周丽、韩嵩（2017）从对经济发展的贡献和行业自身发展能力的角度进行界定，认为高技术、高劳动生产率、高盈利能力是高精尖产业发展的主要目标。另有部分学者认为，高精尖产业结构是新技术、新工艺等在生产过程中的运用，比其他产业具有更大的科技创新优势，是有“四高三化”（高端、高效、高附加值、高辐射力、集聚化、

① 本章作者：袁蕾，首都经济贸易大学硕士研究生，主要研究领域为电商与供应链管理。

融合化、低碳化）等明显特征的经济结构。从不同的角度探索高精尖产业的内涵，有助于我们进一步了解高精尖产业的特点，更好地剖析北京市高精尖产业的发展趋势。

总结现有研究高精尖产业的文献，发现目前对于高精尖产业的理解，更多的是处于初步探索阶段，对于高精尖产业的概念还没有形成统一的看法。结合前人的分析，根据北京市自身区域经济发展特点，本书对高精尖产业的概念进行如下界定：以技术、知识、人才为要素，以创新为支撑，集聚优势资源，具有高收益、高效率、高辐射的产业集合。

“高”，是指技能水平高、创新驱动强、创造价值能力强的高端产业，具备强大的产业竞争优势。对于北京而言，具体是指其融合了智能化和信息化，协调北京科技、教育、资本、人才等优势资源，辐射带动周边区域而构建起来的高端产业。

“精”，是坚持有所为、有所不为，有选择地发展产业。北京应逐步放弃大而全的产业发展模式，摒弃传统铺新摊子的思想，从自身实际出发，精而准地选择符合首都城市定位的产业。

“尖”，是指在一定区域范围内处于顶尖地位，能带动一个行业的发展，是产业的领头羊。北京不仅仅要发展高技术产业，还要发展位于价值链两端的产业，把握核心技术，创造较高经济效益。

1.1.2 高精尖产业的基本特征

近年来，北京市高精尖经济体系正在迅速构建，其产业发展特点也不断明晰。尤其是2017年出台的十大高精尖产业指导意见，明确指出了新时期主要发展的、具有行业竞争优势的十大新兴产业。纵观这些新兴产业，不难发现高精尖产业存在四个特点（如图1-1所示）。

先导性：具有先发优势、前沿战略价值和发展引领性作用，能实现全球领跑，如人工智能、集成电路等产业。

高价值：缔造价值的能力强，具有较高的溢价能力，位于价值链两端，如软件和信息服务、医药健康等产业。

高技术：具有较强的技术研发能力，成长速度快，能带来新的发展机遇，如新一代信息技术、智能装备、新材料等产业。

集约化：对环境友好，对资源的消耗量低、利用效率高，环境污染程度低，如节能环保、科技服务、新能源汽车等产业。

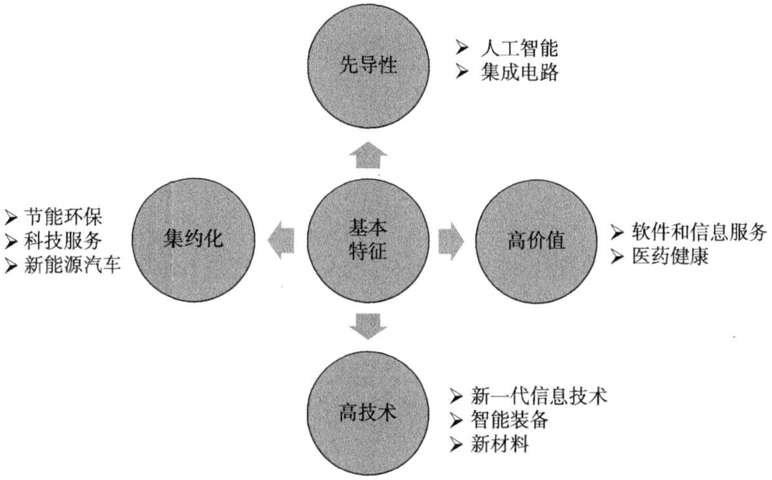

图 1-1 高精尖产业的基本特征

1.2 北京市高精尖产业发展的四个阶段

北京市高精尖产业的发展是一个持续的、不断变化的、动态的过程，在不同的历史时期、不同的政府政策意见指导、不同的城市功能定位背景下，呈现出不同的发展特点。以北京市发布的重大政策和发生的重要事件为依据，以时间维度为划分基础，将北京市高精尖产业的发展划分为萌芽期、成长期、发展期、成熟期四个时期（如图 1-2 所示）。从目前的发展状况来看，北京市高精尖产业在经过一系列的历史变迁之后，在产业层次、产业构成、产品价值和发展方向上都越发成熟，引领着北京市经济健康发展，不断繁荣向上。

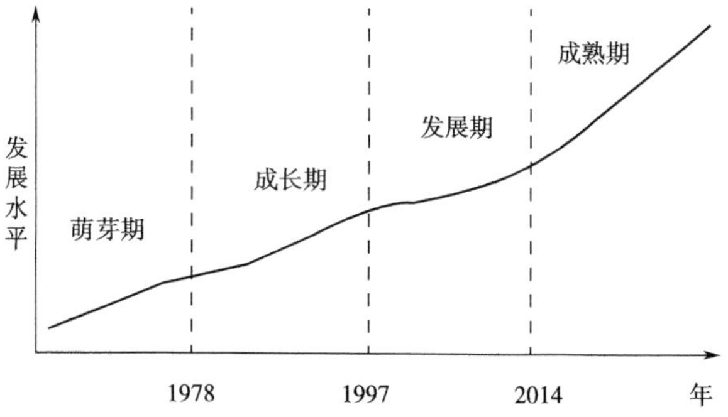

图 1-2 北京市高精尖产业发展阶段

1.2.1　萌芽期：以重化工业为核心的高精尖产业雏形初现

中华人民共和国成立之初，为使因战争而遭到极大破坏的国内经济恢复发展，国家在第一个、第二个五年规划时期，号召国内各地优先发展工业，以重振国内经济。作为首都的北京，紧跟国家优先发展工业的战略，在国家政策指导下开始了工业化之路。1953 年，在上报《改建与扩建北京市规划草案要点》时，在规划中提出了将北京建成强大的工业基地的战略目标，以响应国家工业建设号召（武凌君，2014）。虽然此规划没有得到中央的批示，却体现出了北京发展工业的决心，成为指导北京经济发展方向的主要方针，首都的工业建设由此拉开了帷幕。

在这场声势浩大的工业化建设浪潮中，北京市遵循优先发展重化工业的思想发展冶金、机械等行业。得到发展的重工业，其产品种类增多、数量增加、水平提升。1958 年 6 月，北京市出台《北京市 1958—1962 年工业规划纲要》，进一步指出，北京不仅要发展重工业，还要紧跟国际步伐，发展具有现代化特色的工业，全市迎来了大上工业的发展热潮。北京工业产值飙升，到 1960 年，总产值达到 93 亿元，是 20 世纪 50 年代初期的 54 倍。虽然重工业繁荣了北京经济，但发展过程中贪大求快、罔顾质量等问题也接踵而来。例如，多数企业管理不力，在产量提高的同时，厂库货物积压也随之增多；企业只追求高产量，却不管货品的产出效率和质量，厂库的残次产品增多；轻、重工业投资失衡情况日益恶化；等等。这一系列问题困扰着北京市政府，迫使其不得不反思工业质量状况。

反思之后迈出的第一步，便是提出发展“高精尖”，提升工业质量。1960 年，北京市政府为推动工业持续健康发展，在有工业、交通运输、基本建设、财贸方面的社会主义建设先进集体和先进生产者代表参加的大会上，确定工业的发展方向应当是“高大精尖”（董斌，2016）。在发展过程中，又认为工业的发展不应仅仅依靠产业规模的增大，遂摒弃“高大精尖”中的“大”字，确立了以“质量第一”为核心理念的高精尖工业指导方针。这是高精尖概念在北京的首次提出，对北京市经济发展的影响是巨大的，北京市经济就此走上“不是求大，而是求高”的道路，是北京市产业史上的一个重要转变。

北京市不仅要发展工业，还要有选择地发展高质量、高精尖的工业，是这一时期最为显著的特征。围绕着提高质量、扩大品种，北京市政府做了许多方面的工作。一是北京市要求不论大小企业、轻重工业，都要创造成本低廉而质量高的产品，成功研发出 175 毫米镗床、坐标镗床、65 马力柴油内燃机等新产品，试制出仪表车床、电子管、无线电元件等多种精密产品，走在全国前列。二是在工业交通战线上，推进技术革命，加大机械化、自动化的应用范围，缩减手工、体力劳动，提高劳动生产率，争取用最少的生产资料生产更好的产品。到 1960 年 3 月，北京全市范围内较大的技术革新超 5.3 万项，机械化程度比 1959 年提高 5 个百分点。三是走“不是求大，而是求高”的路子，压缩工业建设规模，关停诸如印染厂等非高精尖企业，对于中央重点项目，集中力量优先发展建设。四是在 1963 年至 1965 年的三年间组织了两次有关电子产业的会战，尝试对接国际，开发半导体无线电工业，成功试制出精度严密的数字电压表等精密产品，向国际先进水平大步迈进（董斌，2016）。

北京市发展重化工业的成就是巨大的，到 1978 年，以质量为发展要求的工业产值达 70.2 亿元（魏晓洁，2012），其中重工业所占的比重超过 63%。北京基本建立起了以机械、石油、化工等重化工业为主的工业体系，解了国家这一时期大规模工业化建设的燃眉之急，为北京市下一阶段的产业结构调整奠定了坚实的经济基础。

这一时期，以迅速恢复首都经济为发展要义，重化工业成为支撑首都经济的支柱产业，但由于经济发展模式与首都功能不相适应，环境污染、资源紧张等问题日渐凸显。为解决这些难题，借改革开放的契机，北京市开始探索新的产业发展模式。

1.2.2 成长期：以技术密集型产业为主导的产业结构调整加速

自北京的经济建设恢复以来，经济中心一直是首都的城市功能定位之一。尤其是 20 世纪 80 年代前，为尽快恢复北京经济而着重发展的重工业，虽然使得首都经济得以喘息，却因经济建设与首都功能产生冲突，带来了一系列问题，其中环境问题最为突出。为解决这些问题，充分利用北京已有的资源，1980 年，借改革开放的契机，中央在《关于首都建设的四项方针》中指出，北京市作为首都要明确自身的功能定位，是政治中心和文化中心，而不是一定要成为经济中心（戚本超、周达，2006）。中央对首都的功能定位进行了重新调整，不再强调建成经济中心，北京市产业发展开始向适合首都特点的经济建设方向转移。

1983 年 7 月，中央在对《北京城市建设总体规划方案》的批复中指出，现阶段的北京不适合继续发展对环境破坏程度高的重工业，应当以高精尖、技术密集型工业为中心进行发展（梅松，2009）。此次中央对该方案的批复，明确了北京产业发展方向，揭开了北京高精尖产业新时期发展的大幕。

以此为开端，北京市积极求变谋发展，解放思想，向技术密集型产业进军。一方面，调整以重工业为发展方向的思路，关停部分高能耗、重污染的传统工业，对冶金、化工等传统制造业进行技术革新，发展适合首都特点的食品、光学、仪器仪表等耗能低、污染少、价值高、技术高的产业（王军，1995）。另一方面，北京市从自身资源禀赋的条件出发，充分利用已有的工业基础和空间资源优势，把经济建设转移到依靠科学技术的轨道上，集中研究了电子工业、轻型汽车、光学、新型建材等对接国际市场、具有巨大获利空间的高新技术产业。

1988 年，以国家高新技术产业开发试验区的成立为标志，我国高新技术产业在京得到蓬勃发展，走科技含量高、资源消耗少、环境代价小的高新技术产业化新路成为这一时期的目标。试验区的成立为北京市带来强大的科技资源，留住了大量高端人才，成为北京市高精尖产业发展的重要载体。至 1995 年，技术密集型产业从业人员有 9 741 人，为北京创造了 212. 82 亿元的产值，高新技术对经济的拉动作用愈发明显。

根植于技术密集型的高精尖产业，是这一时期北京市立足国际、因产业发展需要而做出的调整，标志着北京市经济改革和产业发展开始以符合首都的特点来进行。此后，高精尖产业的成果不断涌现。一是电子信息技术成长迅速，相比 1980 年，1994 年的北京工业产值达到 417. 9 亿元，其中，具有高附加值的电子工业占比 10. 9%，汽车行业占比 10%（王军，1995）。二是服务业、旅游业、食品业等贴近人民生活的行业开始得到重视。

值得注意的是，1993 年中央在对北京市城市规划的批复中强调，重申北京不再发展重工业，尝试发展第三产业。这一批复顺应了新时代对产业结构优化升级的要求，第三产业得到发展，服务经济初现端倪，到 1994 年，北京市第三产业占比达 48. 91%（武凌君，2014），首次超过第二产业占比（如图 1-3所示）。产业结构由原先的“二、三、一”变为“三、二、一”。

1995 年年末，北京市区域生产总值达 1507. 7 亿元。[①] 实践证明，北京发展技术密集型产业，不仅使得北京经济不断繁荣，还促使产业结构不断调整优化，利于北京市走好适合首都特点的经济建设道路。

1. 2. 3　发展期：服务经济在“首都经济”战略的助推下日益壮大

20 世纪 80 年代主要发展技术密集型的高精尖产业，反映了首都在国内经济转型时期的尝试与探索。从 20 世纪 80 年代到 90 年代中期，这种积极的尝试与探索有力地推动了首都高技术产业的发展，首都经济突飞猛进，满足了这一时期北京参与国际竞争的需要。但随着改革开放的不断深入，高新技术

① 数据来源于《北京统计年鉴 2018》（北京市统计局网站）。

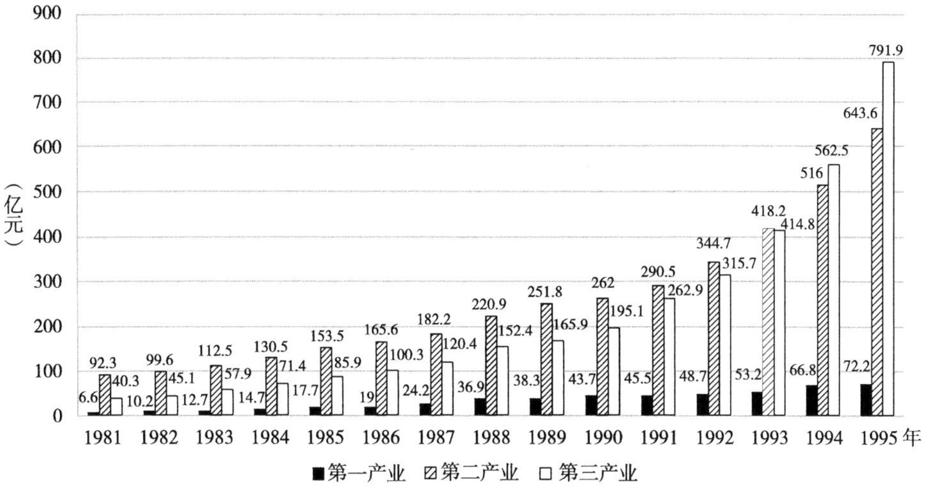

图 1-3 1981—1995 年产业结构变化

资料来源：北京市统计局。

大而不强、多而不精，第三产业不够发达，产业结构不甚合理等问题逐渐凸显（梅松，2009），迫切要求北京市重新梳理经济发展思路。

1997 年，北京市着眼未来，立足实际，在第八次党代会上提出发展以知识经济为导向、高新技术产业为重点、现代服务业为主体、现代制造业为支撑的“首都经济”（史利国，2007）。这一战略首次提出将首都的经济建设和服务功能相统一，为北京的经济建设提供了一种新的发展思路和发展模式，成为引导该时期首都经济建设的重要纲领性战略。

在“首都经济”战略引领下，走服务与经济紧密结合的新路子成为这一时期的典型特征。2005 年，中央批复北京市于 2004 年提交的《北京城市总体规划（2004—2020）》，明确了首都的“四个服务”职能，提出要优化产业布局，促进第三产业和高新技术的持续发展等具体要求，打造“宜居城市”。这一批复推动着北京第三产业的发展，为北京市由制造经济转向服务经济打下了坚实的基础，带动北京经济向深层次、高质量发展。

为解决当时北京高技术产业低层次、弱技术、少自创的弊端，2009 年国务院批准成立中国首个自主创新示范区——中关村国家自主创新示范区（以下简称“示范区”）①。以示范区的成立为标志，北京市产业发展模式迈入自

① 2009 年 3 月，国务院印发《关于同意支持中关村科技园区建设国家自主创新示范区的批复》，其中明确了中关村科技园区为国家自主创新示范区，这是国家成立的首个自主创新示范区，将其定位为具有全球影响力的科技创新中心。

主创新的全新阶段，在新的创新发展环境下，由大到强地成长起来，带动产业集中力量突破核心技术和关键技术，提高核心竞争力，降低对外依赖度，推动“北京制造”向“北京智造”转变。据不完全统计，至2013年，入驻示范区的企业已超16 000家，创收35 735.6亿元，研究与试验发展人员达152 772人，专利授权22 308件[①]，北京市的高新技术产业发展持续走在国家前列。示范区的成立，使北京抓住时代机遇、跻身国际一线都市成为可能，加快了北京经济发展向高端产业迈进的步伐。

高技术的迅猛发展为服务经济的成长提供了契机，在此基础上，服务经济不断发展壮大。一方面，具有比较优势的金融业成为北京市经济发展的亮点，对北京市经济发展的贡献值呈现逐年递增趋势，在2013年实现收入高达2 822.1亿元。[②] 另一方面，为把服务经济这块蛋糕做大做好，北京市先后发布《关于推进首都科技金融创新发展的意见》《关于印发北京市促进软件和信息服务业发展指导意见的通知》等政策指导意见，从政策层面带动金融、信息服务等具有较高溢价能力的产业积极参与研发创新，提升竞争优势。至2013年，第三产业产值已经达到14 986.5亿元，作为经济主体的现代服务业引领作用愈发明显，产值增长10 751.5亿元，而在全国范围内率先在京得到发展的文化创意产业增加值为2 578.1亿元，北京市的服务经济特征日益明显。

发展服务经济，既是时代的要求，也是历史的必然，是北京走适合首都特点经济建设的重要引擎。但在发展过程中，仍然依赖传统的路径发展模式、继续铺新摊子、产业发展大而全等问题变得突出，北京市如何打破传统经济建设模式束缚，持续优化现有产业结构，成为亟待解决的新问题。

通过从1978年改革开放到2013年35年的发展，首都的服务经济在制造经济的基础上成长起来，服务业成为价值洼地，吸引国际和国内企业将目光投向北京。伴随着经济建设重心的转移，北京市正在积极向建设具有全球影响力的国际都市目标迈进。

1.2.4 成熟期：以高端服务业为引领的产业格局已然形成

国际上再制造业兴起，国内“一带一路”倡议、“京津冀一体化发展”规划等先后发布，在此背景下，北京市顺势而为，抓住机遇，有所选择地发展高端产业。2014年2月26日，习近平视察北京，要求北京市继续调整优化

① 数据来源于《北京统计年鉴2014·中关村国家自主创新示范区企业科技活动情况》（北京市统计局网站）。

② 数据来源于《北京市2013年国民经济和社会发展统计公报》（北京市统计局网站）。

现有产业结构，产业发展不能泛而粗，要摒弃菜叶，精选菜心，使经济发展更好地服务城市战略，实现首都经济深层次开发、高质量发展的要求。习近平“2·26”讲话高屋建瓴地指出了北京市现有经济发展弊端，要求北京市放弃原先大而全的产业发展策略，要有所选择地发展顶尖的、具有领先优势的朝阳产业，具有里程碑式的重要意义。

以习近平“2·26”讲话为指导要义，2014 年 5 月，北京市组织召开“深入贯彻落实习近平总书记在北京考察时的重要讲话精神调研座谈会”，下决心疏解与首都功能不匹配的非核心功能。当年便制订出台了史上最严的产业目录——《北京市新增产业的禁止和限制目录（2014 版）》，关闭清退一般性的制造和高污染企业将近 400 家，及时为高精尖产业的在京发展让渡空间（张伯旭，2015）。这一产业目录的出台，标志着北京经济建设正在逐渐告别传统的聚集资源求增长的路径依赖，走上疏解功能谋发展的新路。

菜叶都剥除去了，非首都核心功能得到了疏解，那么菜心该如何选择呢？北京市精挑细选，发展更多地依靠科技、创意、资本、人才等无形要素投入的高端服务业，量体裁衣，于 2017 年重磅出台了 10 个高精尖产业发展的指导意见，明确指出了北京将要发展哪些行业、发展在哪些方面、要怎样发展等一系列问题，显示出北京不仅要发展，而且要发展得更好这一核心理念，要构建与国际接轨的现代化经济体系。随后，北京市又分别在 2017 年、2018 年相继发布了高精尖经济结构的财政、土地支持政策，积极以政策为引导，为高精尖产业发展护航。

以高端服务业为主，立足存量，提质增效，构造“高、新、轻、智、特”的产业体系，成为这一时期发展的核心，加速第二、三产业融合，高端产业发展出现高昂态势。

一是新经济新业态出现在人们的视野里。一方面，共享经济兴起，工业云、大数据、物联网等得到不同程度发展，共享单车、在线医疗等新兴产业如雨后春笋般涌现；另一方面，创意农业、体验农业等新业态受到追捧，一二三产业融合成为可能。

二是高技术产业创新成果层出不穷。国内首批抗肿瘤新药“盐酸洛拉曲克”面世，京东方液晶面板技术达到国际领先水平，12 英寸 28 纳米刻蚀机、离子注入机落地销售，建立 1×16×N 的中小企业公共服务体系，首先建成国内软件和信息服务交易所及大数据交易服务平台，以文化创意为主的独角兽数量居全国之首等①，产业创新动能明显。截至 2017 年年末，北京市区域生产总值达 28 000.4 亿元，现代服务业产值增加 16 963.8 亿元，同比增长

① 见《2016 年北京市工业和信息化工作报告》（北京市经济和信息化局网站）。

9.5%（如图 1-4 所示），其中，贡献最大的是信息服务业、交通运输业、水利环境和公共设施管理业，分别比上年增长 12.6%、12.1%、12.1%；作为战略性新兴产业重要补充的高技术产业相比上年增加 9.50%。①

三是产业结构调整加速。2017 年，产业结构顺利过渡到 0.4 : 19.0 : 80.6，第三产业占比高于 80%，远超国家 51.6%的水平。现阶段依托现代服务业和高技术产业而发展的高精尖经济，其未来将会是一片蓝海。

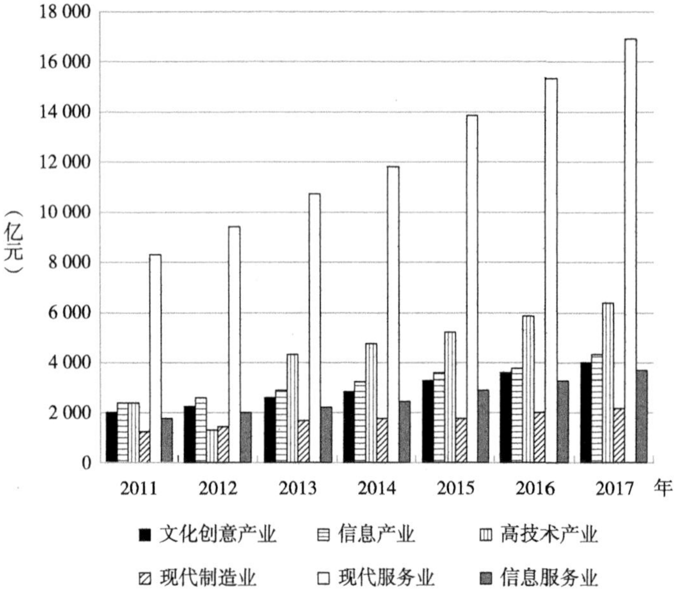

图 1-4　2011—2017 年新兴产业增加值变化

资料来源：北京市统计局。

现代服务业和高技术产业相互融合，互为补充，有力地推动了北京经济向产业价值的中高端迈进。以高端服务业为主导的高精尖经济结构已然形成，高精尖产业正带领北京以高昂的姿态走向国际舞台。

1.3　北京市高精尖产业演进的逻辑

改革开放重新塑造了国内经济发展模式，计划经济退场，市场经济走入大众视野，在如此利好的环境下，北京市抓住机遇，适时调整现有产业结构，疏存量，调增量，构建高精尖的产业结构体系。在此期间，政府相继出台的

① 数据来源于《北京市 2017 年国民经济和社会发展统计公报》（北京市统计局网站）。

各类政策对高精尖产业的演进具有明显的驱动作用。本节以北京市政府出台的重要政策和发生的重要事件为依据，以时间为划分节点，将自20世纪60年代北京市提出发展高精尖产业以来的进程大致分为四个阶段：1960—1978年、1979—1995年、1996—2013年、2014年至今。不同的阶段具有不同的发展方向、发展行业和标志事件，如表1-1所示。

表1-1 北京市高精尖产业演进逻辑

特点	阶段1（1960—1978）	阶段2（1979—1995）	阶段3（1996—2013）	阶段4（2014年至今）
重点发展方向	走工业化发展道路	1. 重点发展技术密集、附加值高、经济效益高、适合首都特点的产业 2. 第三产业开始发展	1. 走高端、高效、高辐射力的产业发展之路 2. 发展科技型经济、服务型经济、文化型经济、开放型经济、循环型经济 3. 引导企业向“专、精、特、新”的方向发展	1. 着眼提质增效，使战略性新兴产业成为先导性、支柱性产业 2. 加快形成创新引领、技术密集、价值高端的经济结构
主要发展行业	机械工业、交通运输设备制造业、仪器仪表、计量器具制造业、冶金、钢铁、石油、化工等	食品、电子、纺织、轻工、光学、印刷、仪器仪表、新型建材、传统工艺美术品、家用电器、汽车、医药等	电子信息、生物工程和新医药、光机电一体化及新材料、软件产业、研发产业、信息服务、移动通信、计算机及网络、集成电路、光电显示等	新一代信息技术、集成电路、医药健康、智能装备、节能环保、新能源汽车、新材料、人工智能、软件和信息服务、科技服务等
转折标志/发生的重要事件	改革开放（1978年）	国家高新技术产业开发试验区获批成立（1988年）	国家自主创新示范区成立（2009年）	习近平视察北京并发表重要讲话（2014年）

从表1-1中可以看到，高精尖产业有以下演进特征和趋向：重点发展方向从最初的中低端工业转向适合首都经济发展特点的高端产业，尝试发展人工智能等处于价值链两端的战略性新兴产业；发展技术从起初的引进模仿完成了向自主创新的转变，加大了自主研发能力，实现由新到高的技术蜕变，原始性创新明显增多；产业发展不再是仅仅追求“专、精、特、新”，更要提

质增效，从增量扩能转向存量优化，实现高质量发展；主要发展行业由机械化工等重化工业转向高技术制造产业，再转到现今的医药、软件和信息服务等与北京的功能定位相匹配的高端服务业，第二、三产业加速融合。

分析高精尖产业的演进特征，既可以看到国内产业环境蜕变的历程，也可以看到北京市经济发展方向的转变。改革开放之前，受国内“大上工业”环境的影响，北京市发展经济的重点放在重化工业上，先进化工、合金钢冶炼、无线电、精品纺织在这一时期得到振兴。随着改革开放的到来，北京市产业结构不断优化，经济建设方向开始转变，发展能快速拉动经济的高技术产业。1988 年，原本名不见经传的中关村获批成立北京市高新技术产业开发试验区，引发高技术发展热潮，加强了首都产业技术的研发应用能力。虽然高技术产业在京得到一定扶持，但在发展初期更多的是引进、模仿，而非自主创新，不利于高端产业制高点的抢占。2009 年，为改变当时北京少自创、弱技术、多模仿、高复制的现状，经中央批复，国家首个自主创新示范区在原来中关村产业园区的基础上成立，以加强产业原始性创新能力。在此基础上，高精尖产业一步步跳出传统产业束缚，不断铸新淘旧。2014 年，为继续强化顶端设计，借习近平视察北京的契机，北京市政府打破传统的增量扩能路线，将战略性新兴产业作为经济发展的一大增长点，出台高精尖系列产业目录，有选择地发展高端产业。到 2018 年年末，北京市区域生产总值为 30 320亿元，增速达 6.6%，其中，在高技术基础上孕育的规模以上战略性新兴产业增加值达 4 881.52 亿元，相比上年的规模以上工业战略性新兴产业，增长 18.61%，而高技术产业增长 9.4%，二者的增长速度均远高于区域生产总值的增长速度。战略性新兴产业和高技术产业的蓬勃发展，有力地推动了北京市工业经济向产业价值链的中高端迈进（如图 1-5、图 1-6 所示）。

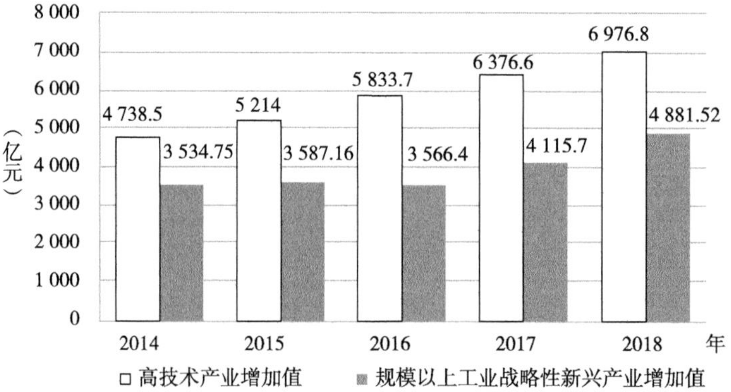

图 1-5　2014—2018 年规模以上工业战略性新兴产业、高技术产业增加值

资料来源：北京市统计局。

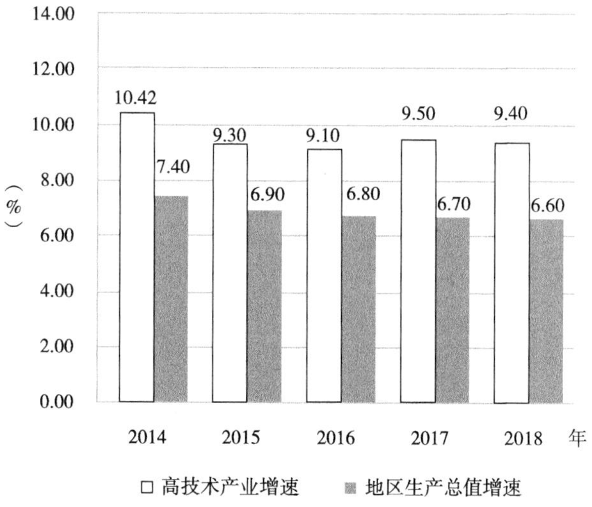

图 1-6 2014—2018 年高技术产业、地区生产总值增速

资料来源：北京市统计局。

1.4 北京市高精尖产业政策发展历程

为构建高精尖的经济结构，北京市自进入 21 世纪以来先后出台多项政策，从财政、人才、土地等层面鼓励更多的企业进入高精尖产业，助力北京产业发展。

1.4.1 政策数量及趋势

本节通过北京政府网站“首都之窗”的公开信息，系统梳理了从 1999 年到 2019 年 3 月的相关文件，通过检索“高精尖”“土地”“人才”等关键词，发现从 1999 年到 2019 年 3 月北京市共出台与高精尖产业相关的政策文件 265 个，具体数据见附录。

从 1999 年至 2019 年 3 月，北京市每年出台的推动高精尖产业发展的相关政策数量如图 1-7 所示。从时间维度上看，北京市在 1999 年和 2000 年每年仅出台 2 个有关高精尖产业的政策文件，在 2001 年突增到 18 个，2002 年至 2008 年趋于平稳；对比前一阶段，2009 年至 2018 年出台的政策数量明显增加。其中，政策数量在 2017 年达到最高值 28 个，2011 年和 2015 年出台的政策分别为 22 个和 24 个，是出台政策数量最多的三年。

一系列政策的出台，无论对高精尖产业的现在还是将来，都是利好因素。

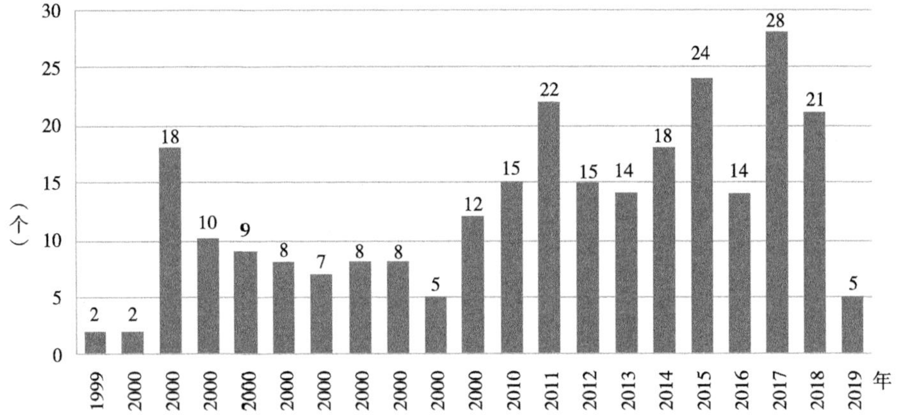

图 1-7　1999—2019 年北京市出台的有关高精尖产业政策文件数量

资料来源：北京市人民政府网站（首都之窗）。

通过分析政策出台较多的年份，可以看到政策的出台与北京市的经济发展背景紧密相关。21 世纪初期，包括电子信息技术在内的高精尖产业在全球蓬勃兴起，为跟上时代步伐，搭上此次国际经济发展的列车，北京市不仅下大力气实施“首都二四八重大创新工程”，更是出台了《关于贯彻国务院鼓励软件产业和集成电路产业发展若干政策实施意见的通知》《〈首都经济创新服务体系建设纲要〉和〈首都创业孵化体系建设纲要〉的通知》[①] 等多达 18 个政策文件，鼓励在京企业参与创新建设，向电子信息技术、软件、集成电路等产业靠拢，显示出北京立足国际、发展高精尖产业的决心。2011 年是北京市第十二个五年规划的起始年，北京市向高端产业迈进的步伐加快，但高精尖产业大而不强、强而不精等由来已久的问题依然没有得到解决。为实现高精尖产业高质量、深层次的发展，加大北京自主创新实力，北京市积极以政府政策为引导，鼓励企业从跟随模仿转向自主创新，实现产业跟跑、并跑到领跑的转变。2015 年，北京市发布关于高精尖产业的政策文件有 24 个，显示出北京市在 2014 年习近平视察北京发表系列讲话之后“腾笼换鸟”的决心，出台的政策涉及人才引入、财政支持、税收减免等，争取全方面、多层次地为高精尖产业的发展助力，向建设具有国际影响力的科技创新中心跃进。2017 年，为了实现首都经济多层次开发、高质量发展的要求，北京市出台多项涉及土地、财政、人才等有关高精尖产业的政策，明确高精尖产业发展方向，放弃大而全的发展战略，有所选择地发展高端产业。

① 资料来源于北京市人民政府网站（首都之窗）。

1.4.2 土地政策、财政政策、人才政策

北京市历年出台的有关高精尖产业的一系列政策主要集中在土地、人才、财政三个方面，三者总的政策文件数量在 1999 年至 2019 年 3 月期间共有 134 个。其中，出台的土地政策有 9 个，占三者总数量的 7%；出台的人才政策有 51 个，占三者总数量的 38%；出台的财政政策有 74 个，占三者总数量的 55%，如图 1-8 所示。

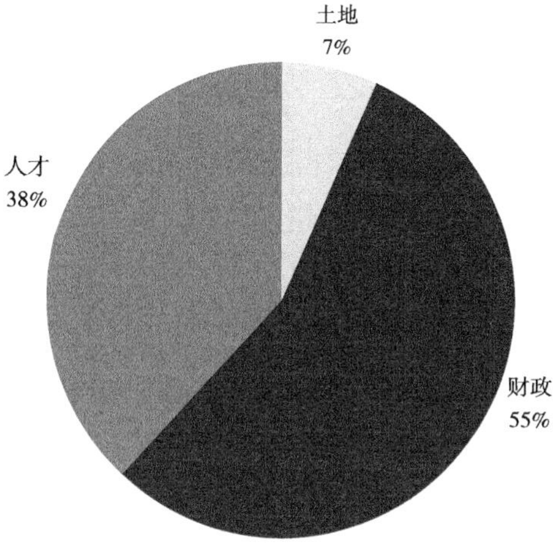

图 1-8 1999 年至 2019 年 3 月出台的有关土地、财政、人才的高精尖产业政策总量占比

资料来源：北京市人民政府网站（首都之窗）。

按照北京市五年发展规划，“九五”规划期间出台的有关高精尖产业政策的文件数量为 2 个，均为人才方面的文件；“十五”规划期间出台的政策文件数量为 20 个，其中财政方面的文件有 14 个；“十一五”规划期间出台的政策文件数量为 14 个，其中财政方面的文件有 7 个；“十二五”规划期间出台的政策文件数量为 23 个，其中财政方面的文件有 16 个；“十三五”规划期间出台政策文件数量为 19 个，其中人才方面的文件有 11 个。如图 1-9 所示。

从图 1-8、图 1-9 中可以看到，针对高精尖产业出台的政策更多是围绕人才和财政的，土地政策较少涉及。企业的发展壮大离不开人才，因而当下人才也一直是各大企业竞相争夺的稀有资源，但如何留住人才，一直是各大企业的难点、痛点。为帮助在京企业留住高端人才，北京市在“十三五”规划期间，接连出台了《关于印发首都科技领军人才培养工程实施管理办法的通知》《印发北京市引进人才管理办法（试行）的通知》①，鼓励企业利用北

① 资料来源于北京市人民政府网站（首都之窗）。

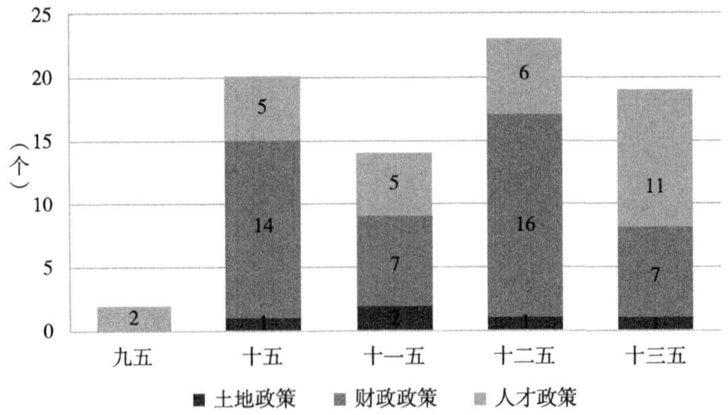

图 1-9 "九五"至"十三五"规划期间出台的有关土地、财政、人才的高精尖产业政策数量

资料来源：北京市人民政府网站（首都之窗）。

京的资源禀赋优势，引进高校人才，鼓励高校、企业、研究机构三方合作设置人才融合发展实训基地，实现产学研融合发展。例如，2018 年房山区人民政府为推动高精尖产业发展，吸引人才在房山就业创业，为高精尖创新人才专配了公租房，用以解决企业现有部分高端人才因"职住分离"而导致通勤时间长的困扰。

在财政方面，北京市政府积极以财政资金为引导，综合运用股权投资、产业基金、贷款贴息、担保等方式来促进高精尖产业的大力发展。例如，"十三五"规划期间，为使财政资金全面覆盖研发创新、转化孵化、市场应用等环节，先后出台了《关于印发〈中关村国家自主创新示范区产业发展资金管理办法〉的通知》《关于财政支持疏解非首都功能构建高精尖经济结构的意见》① 等政策，以促进高精尖产业的健康发展。北京市在 2013 年对重大科技成果转化和产业统筹资金方面的支出预算就有 100 多亿元，统筹资金主要用于信息技术、生物医药、节能环保、新能源等具有重要战略意义的新兴产业的发展。同时，北京市也鼓励社会资本进入高精尖产业，引导社会资本对前沿重大创新技术、新兴产业进行投资。例如，2017 年，以政府为主导，北京市宣布出资 200 亿元，设立科技创新基金，与天使投资等社会资本共同发力，投向原始创新、成果转化、发展落地三个产业发展阶段，培育高精尖产业新的增长极。

① 资料来源于北京市人民政府网站（首都之窗）。

在土地方面，创新产业用地方式，采用灵活的土地使用方式（如短期土地租赁、厂房租赁、弹性出让等），降低土地使用成本，方便企业进行土地购买租赁，为高精尖企业在京经营提供有力的保障。同时加强监管，确保土地用于高精尖项目。

参考文献

[1] 董斌.20 世纪 60 年代北京发展“高精尖”工业的历史与启示［J］.当代中国史研究，2016，23（05）：62-70，126.

[2] 唐建国.北京加快发展高精尖产业的路径机制研究［J］.前线，2016（12）：97-99.

[3] 王玉海，田建国，聂梅，等.北京市构建“高精尖”经济结构的提出背景、作用定位及其内涵界定研究［J］.领导之友，2017（23）：51-59.

[4] 吴海建，周丽，韩嵩.创新驱动指数与高精尖经济统计标准研究［M］，对外经济贸易大学出版社，2017：154-158.

[5] 武凌君.北京产业结构 60 多年的大变迁［J］.北京党史，2014（04）：43-45.

[6] 魏晓洁.首都经济圈背景下的北京工业发展路径研究［J］.北京社会科学，2012（03）：21-25.

[7] 戚本超，周达.北京城市职能发展演变研究［J］.城市问题，2006（07）：28-31.

[8] 梅松.60 年首都经济发展思路演变和成就评价［J］.北京社会科学，2009（05）：88-94.

[9] 王军.关于“适合首都特点的工业”的思考［J］.首都经济，1995（07）：17-19.

[10] 史利国.北京的昨天、今天和明天：北京经济形势解析［J］.新视野，2007（04）：17-20.

2 我国高精尖产业政策梳理①

2.1 我国高精尖产业政策总体情况

近年来，战略性新兴产业高速发展，成为国民经济发展体系中的重要力量。2016 年国务院发布《“十三五”国家战略性新兴产业发展规划》（以下简称《规划》）。《规划》提出要把战略性新兴产业摆在更加突出的位置，构建现代产业新体系。《规划》同时要求在“十二五”规划的建设成果上进一步发展壮大新一代信息技术、高端装备、新材料、生物、新能源汽车、新能源、节能环保、数字创意等战略性新兴产业。

2017 年，为深入实施创新驱动发展战略，党中央、国务院确定在京津冀、上海、广东、安徽、四川、湖北武汉、陕西西安、辽宁沈阳 8 个区域进行创新改革试验，推广改革举措。

在国务院决策部署的指引下，各地区、各有关部门积极响应号召，相继出台了一系列相关政策文件，在深化科技体制改革、提升自主创新能力、优化创新创业环境等方面进行了大胆探索，如表 2-1 所示。本章将分别按照区域及产业进行分类并对其政策进行比较研究。

表 2-1 各地区战略性新兴产业政策研究

	政策	发布时间
国家层面	《国家技术转移体系建设方案》	2017-09-15
	《“十三五”国家战略性新兴产业发展规划》	2016-11-29
	《关于促进加工贸易创新发展的若干意见》	2016-01-04
	《促进大数据发展行动纲要》	2015-08-31

① 本章作者：杜文含，首都经济贸易大学硕士研究生，主要研究领域为公司治理。

续表

	政策	发布时间
省市级层面	《加快科技创新发展新一代信息技术等十个高精尖产业的指导意见》	2017-12-26
	《上海市制造业转型升级“十三五”规划》	2016-08-31
	《深圳市战略性新兴产业发展“十三五”规划》	2017-07-06
	《广东省战略性新兴产业发展“十三五”规划》	2017-08-17
	《安徽省促进战略性新兴产业集聚发展条例》	2017-07-01
	《四川省“十三五”战略性新兴产业发展规划》	2017-02-08
	《长江经济带绿色产业发展专项规划》	2017-11-10
	《陕西省“十三五”战略性新兴产业发展规划》	2016-11-02
	《辽宁省壮大战略性新兴产业实施方案》	2015-07-28

2.2 区域政策

2.2.1 京津冀

2.2.1.1 北京：构建高精尖经济结构

为构建高精尖经济结构，北京市人民政府参考《战略性新兴产业分类（2018）》，结合实际研究制定了《北京市十大高精尖产业登记指导目录（2018年版）》，涉及行业大类10个，行业小类210个。同时，北京市人民政府印发了《加快科技创新发展新一代信息技术等十个高精尖产业的指导意见》，如表2-2所示。

表2-2 北京市十大高精尖产业政策体系

	政策	发布时间
总体部署	《北京市人民政府关于印发加快科技创新构建高精尖经济结构系列文件的通知》	2017年12月
具体规划	《北京市加快科技创新发展新一代信息技术产业的指导意见》	2017年12月
	《北京市加快科技创新发展集成电路产业的指导意见》	2017年12月
	《北京市加快科技创新发展医药健康产业的指导意见》	2017年12月
	《北京市加快科技创新发展智能装备产业的指导意见》	2017年12月
	《北京市加快科技创新发展节能环保产业的指导意见》	2017年12月

续表

	政策	发布时间
具体规划	《北京市加快科技创新培育新能源智能汽车产业的指导意见》	2017 年 12 月
	《北京市加快科技创新发展新材料产业的指导意见》	2017 年 12 月
	《北京市加快科技创新培育人工智能产业的指导意见》	2017 年 12 月
	《北京市加快科技创新发展软件和信息服务业的指导意见》	2017 年 12 月
	《北京市加快科技创新发展科技服务业的指导意见》	2017 年 12 月

2.2.1.2 天津：聚焦、融合、夯实、提升、优化、协同

为全面落实“五大国家发展战略”，实现“一基地三区”的功能定位，天津市在“十三五”期间实施产业引领壮大工程、产业融合发展工程、创新主体夯实工程、创新能力提升工程、产业布局优化工程、产业发展协同工程六大重点工程。同时，天津市聚焦高端装备制造、新一代信息技术、航空航天、生物技术与健康、新材料、节能环保、新能源汽车、高技术服务、新能源九大战略性新兴产业，致力于打造具有创新引领能力与竞争优势的制造强市。

2.2.1.3 河北：战略性新兴产业“8358 计划”

河北省立足于河北省省情，制定战略性新兴产业“8358 计划”，即：重点发展先进装备制造、新一代信息技术、生物、新能源、新材料、节能环保、新能源汽车、数字创意 8 个战略性新兴产业；建设石家庄国家生物产业基地、保定新能源国家高技术产业基地、张家口可再生能源示范区、京津冀（河北）大数据综合试验区、廊坊国家信息及高技术服务产业基地等 35 个国家级、省级产业集聚区及示范基地；实施高技术产业化示范工程、创新能力提升工程、重大科技专项工程、“互联网+”及大数据示范工程、“双创”支撑平台建设工程、军民融合产业发展工程、科技型中小企业培训工程、高端人才引培工程 8 个重大专项工程。力争实现产业规模迅速扩大、产业创新和科技转化成果明显提升、创新创业环境进一步优化。

2.2.2 上海

为打造国际高端制造中心，上海市人民政府统筹谋划，聚焦重点，在推进生产性服务业的同时，改造提升传统优势制造业，加快发展战略性新兴产业。上海市人民政府从创新能力、质量效益、绿色发展三个维度构建上海“十三五”制造业转型升级主要指标体系，为上海市推进制造业转型升级提供了明确的指导依据。上海市发布的战略性新兴产业政策如表 2-3 所示。

表 2-3 上海市战略性新兴产业政策汇总

	政策	发布时间
总体部署	《上海市制造业转型升级“十三五”规划》	2016 年 8 月
具体规划	《关于本市进一步鼓励软件产业和集成电路产业发展的若干政策》	2017 年 4 月
	《上海市集成电路设计企业工程产品首轮流片专项支持办法》	2017 年 11 月
	《上海市“十三五”节能减排和控制温室气体排放综合性工作方案》	2018 年 5 月
	《上海市促进软件和信息服务业发展“十三五”规划》	2017 年 1 月
	《上海市工业互联网产业创新工程实施方案》	2018 年 7 月
	《促进上海市生物医药产业高质量发展行动方案（2018—2020 年）》	2018 年 11 月
	《上海促进高端装备制造业发展“十三五”规划》	2017 年 2 月
	《关于本市推动新一代人工智能发展的实施意见》	2017 年 10 月
	《上海市智能网联汽车产业创新工程实施方案》	2017 年 1 月
	《上海促进新材料发展“十三五”规划》	2016 年 12 月

2.2.3 深圳

2017 年，为主动适应和引领经济发展新常态，落实党中央、国务院战略部署，深圳市出台《深圳市战略性新兴产业发展“十三五”规划》，并制定了一系列改革措施与指导文件。根据新的发展规划，深圳市确定了信息经济、生命经济、创意经济、绿色经济、材料基础五大重点发展对象。

在信息经济方面，提出构建国际一流信息岗，提升信息核心产业，促进“互联网+”新型业态，抢占人工智能、无人驾驶、量子通信等前沿领域。为打造信息经济新引擎，深圳市还提出建设“宽带深圳”工程、信息核心产业跨越发展工程、互联网工程。在生命经济方面，提出要发展精准医疗、融合数字技术与生物医药技术，打造国际领先的生物技术科技创新中心。在文化产业方面，提出培育“文化+”新型业态，以数字技术推动文化创意与设计服务等融合发展。在绿色经济方面，提出要加快发展新能源产业、高效节能产业、环保产业与再制造产业。在新材料产业方面，深圳市致力于进一步夯实产业发展的材料支撑基础。在产业空间格局方面，结合自身发展优势，致力于构建“三轴并进、区域辐射、全球联动”的产业新发展格局。深圳市发布的战略性新兴产业政策如表 2-4 所示。

表 2-4 深圳市战略性新兴产业政策汇总

	政策	发布时间
总体部署	《深圳市战略性新兴产业发展“十三五”规划》	2017 年 7 月
具体规划	《战略性新兴产业发展专项资金扶持政策》	2017 年 4 月
	《深圳生物产业振兴发展政策》	2009 年 9 月
	《深圳市能源发展“十三五”规划》	2016 年 11 月
	《深圳市信息化发展“十三五”规划 》	2017 年 1 月
	《深圳市文化发展“十三五”规划》	2016 年 9 月
	《深圳新材料产业振兴发展规划和政策》	2011 年 6 月
	《深圳市生命健康产业规划（2013—2020）》	2013 年 12 月
	《深圳市航空航天产业发展规划》	2014 年 12 月
	《深圳市海洋产业规划（2013—2020）》	2013 年 11 月

2.2.4 安徽（合肥、芜湖、蚌埠）

2016 年，安徽省立足于安徽省省情，出台了《安徽省战略性新兴产业“十三五”发展规划》。这一规划作为安徽省战略性新兴产业发展的纲领性文件，将新一代信息技术、高端装备和新材料、生物和大健康、绿色低碳、信息经济五大产业作为战略重点。

智能语音是安徽省最具竞争力的特色新兴产业，安徽省推动智能语音产业重点项目，打造“中国声谷”。安徽省还着眼产业发展前沿，培育量子通信和量子计算、新药创制、核能装备等未来型产业。

2.2.5 四川（成都、德阳、绵阳）

2017 年，四川省人民政府印发《四川省“十三五”战略性新兴产业发展规划》，立足于四川省产业基础与发展潜力，提出要大力发展新一代信息技术、高端装备制造、新材料、生物、新能源及新能源汽车、节能环保、数字创意 7 个产业，并组织实施 8 个重点工程。

尤其在高端装备制造产业方面，四川省积极打造四川特色油气钻采及海洋工程装备工业体系。力求在页岩气、非常规油气开采工程、海洋油气工程、油气长输管线建设等国家战略所需装备领域实现突破。四川省发布的战略性新兴产业政策如表 2-5 所示。

表 2-5 四川省战略性新兴产业政策汇总

	政策	发布时间
总体部署	《四川省“十三五”战略性新兴产业发展规划》	2017 年 2 月
具体规划	《四川省“十三五”能源发展规划》	2017 年 3 月
	《四川省信息安全产业发展规划（2015—2020 年）》	2016 年 11 月
	《四川省航空与燃机产业发展总体规划（2015—2020 年）》	2017 年 1 月
	《四川省科技服务业发展规划（2016—2020 年）》	2016 年 2 月
	《四川省养老与健康服务业发展规划（2015—2020 年）》	2015 年 11 月

2.2.6 湖北武汉

湖北省武汉市作为党中央、国务院在湖北推行创新改革的试验区，2016 年印发了《武汉市战略性新兴产业发展“十三五”规划》，在发展新一代信息技术、生命健康、智能制造等优势产业集群的基础上，培育发展新材料、新能源、节能环保和数字创意等成长型产业，形成新的经济增长点。同时，武汉市着眼于未来 5—10 年产业发展前沿，布局新能源汽车和航空航天等产业，打造未来发展新优势。

2.2.7 陕西西安

为了提升创新能力，在重点领域形成先发优势，2016 年，陕西省人民政府围绕国家战略性新兴产业发展方向，印发了《陕西省“十三五”战略性新兴产业发展规划》，在立足陕西省省情的基础上，明确要求做大做强新一代信息技术、高端装备制造、新材料、生物技术、新能源、节能环保、新能源汽车七大战略性新兴产业，实施十大产业创新发展工程，实现经济中高速增长和产业中高端发展。

西安市作为党中央、国务院在陕西推行创新改革的试验区，以西安高新区、经开区等重点园区为承载，积极推进增材制造、航空、航天、智能装备等产业的发展，并推动新材料产业、生物技术产业向高端化、规模化方向发展。

2.2.8 辽宁

辽宁省在“十三五”规划中提出要努力形成战略性新兴产业和传统制造业并驾齐驱、现代服务业和传统服务业相互促进、信息化和工业化深度融合的产业发展新格局。同时，辽宁省人民政府印发了《辽宁省科学和技术发展

“十三五”规划》，其中指出辽宁省要依托沈阳、大连两市现有基础，聚焦新一代信息技术产业、智能装备产业、生物医药产业、新材料、新能源等产业。辽宁省积极建设“沈大高新技术产业带”及国家自主创新示范区，致力于将示范区建成东北亚地区重要的科技创新创业中心、东北老工业基地高端装备研发制造先行区、新兴产业集聚区。

2.3 十大产业政策

2.3.1 集成电路产业

集成电路产业是信息技术产业的核心产业。为推动集成电路产业加快发展，2014年，国务院发布实施了《国家集成电路产业发展推进纲要》，基于我国集成电路产业现状及未来发展趋势，从产业规模、技术能力、配套措施和企业培育4个方面，提出了我国集成电路产业未来发展的短期、中期、长期目标。

为保证目标实现，《国家集成电路产业发展推进纲要》提出体制创新、融资举措、人才培养与引进等一系列保障措施：成立国家集成电路产业发展领导小组进行统筹规划；提出要设立国家产业投资基金，并鼓励社会各类风险投资和股权投资基金进入集成电路领域，支持集成电路产业发展；推动形成产业链上下游协同创新体系，建立健全集成电路人才培养体系；鼓励引进高层次人才，推动产业可持续发展。表2-6是对《国家集成电路产业发展推进纲要》中部分发展目标的解读。

表2-6 《国家集成电路产业发展推进纲要》发展目标解读

类别	2015年	2020年
销售额	>3 500亿元	>8 700亿元（年均增速超过20%）
制造	32/38纳米规模量产	16/14纳米规模量产
设计	部门重点领域技术接近国际一流水平（移动智能终端、网络通信等）	技术达到国际领先水平（移动智能终端、网络通信、云计算、物联网、大数据等）
封装测试	中高端销售收入占比30%以上	技术达到国际领先水平
材料	12英寸硅片产线应用	进入国际采购体系
设备	65—45纳米关键设备产线应用	进入国际采购体系

资料来源：《2017年中国半导体行业发展趋势及市场规模预测》，中国产业发展研究网，www.chinaidr.com/tradenews/2017-02/110671.html。

2.3.2 节能环保产业

2.3.2.1 完善顶层制度设计

2015 年 4 月 25 日，国务院发布《中共中央国务院关于加快推进生态文明建设的意见》，明确了生态文明建设的总体要求和目标愿景，为后续政策的制定明确了方向。2016 年 3 月，国家发改委发布《国民经济和社会发展第十三个五年规划纲要》将环境保护作为“十三五”时期国家建设发展的重要关注领域，发展资源节约循环利用关键技术和生态治理修复成套技术，加快节能环保产业发展。

2016 年 12 月 25 日，国家发改委通过了《“十三五”节能环保产业发展规划》，基于我国节能环保产业现实国情与发展阶段，从产业规模、技术水平、企业培育、市场环境 4 个方面明确了节能环保产业的主要发展目标。

《“十三五”节能环保产业发展规划》坚持以节能环保领域科技创新为核心，坚持市场引领在节能环保产业资源配置中的决定性作用，同时明确要求加强系统节能、水气土环境污染治理、尾矿资源化及工业废渣利用等影响可持续发展的产业的研发攻坚。

2.3.2.2 推出细分领域政策

（1）大气污染政策

为改善京津冀及周边地区环境空气质量，2017 年，环保部发布《京津冀周边地区 2017 年大气污染防治工作方案》。该方案实施范围包括北京市、天津市及河北省、山西省、山东省、河南省的 26 个城市，简称“2+26”城市。

《京津冀周边地区 2017 年大气污染防治工作方案》提出了“2+26”城市发展的主要任务，要求“2+26”城市产业结构调整取得实质性进展，全面推进冬季清洁取暖，加强工业大气污染综合治理，实施工业企业采暖季错峰生产，严格控制机动车排放，强化重污染天气应对。

（2）生活垃圾政策

2016 年 9 月，国家发改委和住建部联合发布《“十三五”全国城镇生活垃圾无害化处理设施建设规划（征求意见稿）》。2017 年，北京市人民政府印发了《北京市生活垃圾分类治理行动计划》，推进本市生活垃圾分类工作。

目前，我国北京、上海、广州、深圳、重庆、贵阳等城市已相继出台或更新垃圾分类政策。预计至 2020 年，46 个重点城市将完成生活垃圾分类工作；至 2025 年，所有地级市将完成生活垃圾分类工作，并完成配套转运端、处置端产能建设及固废处置等工作。我国出台的生活垃圾政策如表 2-7 所示。

表 2-7　我国生活垃圾政策汇总

发布时间	具体政策	主要内容
2016 年 5 月	《关于推进再生资源回收行业转型升级的意见》	以回收、分拣环节为重点，同时着眼于再生资源回收分拣、运输、加工处理和利用全过程，从产废源头入手建立健全回收渠道
2016 年 9 月	《“十三五”全国城镇生活垃圾无害化处理设施建设规划（征求意见稿）》	到 2020 年年底，直辖市、计划单列市和省会城市（建成区）生活垃圾无害化处理率达到 100%；其他设市城市生活垃圾无害化处理率达到 95%以上（新疆、西藏除外）；县城（建成区）生活垃圾无害化处理率达到 80%以上
2016 年 10 月	《关于进一步加强城市生活垃圾焚烧处理工作的意见》	将垃圾焚烧处理设施建设作为维护公共安全、推进生态文明建设、提高政府治理能力和加强城市规划建设管理工作的重点
2016 年 12 月	《生物质能发展“十三五”规划》	鼓励建设垃圾焚烧电联产项目。加快应用现代垃圾焚烧处理及污染防治技术，提高垃圾焚烧发电环保水平
2016 年 12 月	《可再生能源“十三五”规划》	稳步发展城镇生活垃圾焚烧发电，到 2020 年，城镇生活垃圾焚烧发电装机达到 750 万千瓦

资料来源：前瞻产业研究院。

2.3.3　软件和信息技术服务业

软件和信息技术服务业是我国建设制造强国和网络强国的核心支撑。虽然“十二五”期间我国软件和信息技术服务业综合实力进一步增强，但仍面临创新能力不足、技术迭代能力弱、网络安全形势严峻、国际拓展能力弱等问题。

为实现以信息化驱动现代化，建设网络强国，工信部颁布了《国家软件和信息技术服务业“十三五”发展规划（2016—2020 年）》，以定性与定量相结合的方式提出了软件和信息技术服务业未来发展的总体目标，并围绕产业规模、技术创新、融合支撑、企业培育、产业集聚 5 个方面制定了具体目标。

《国家软件和信息技术服务业“十三五”发展规划（2016—2020 年）》以创新发展和融合发展为主线，从核心技术、培育壮大新兴业态、推进应用创新和融合、信息安全、产业体系、国际化发展 6 个方面进行了重点部署。

同时，《国家软件和信息技术服务业“十三五”发展规划（2016—2020 年）》针对关键领域创新能力不足，提出开展信息技术服务能力跃升、云计算能力提升等重大工程。为贯彻落实制造强国、网络强国等国家战略，还提出了面向服务型制造的信息技术服务发展、软件和信息技术服务业驱动信息消费等重大工程。

为保障目标实现，《国家软件和信息技术服务业“十三五”发展规划（2016—2020 年）》从政策法规体系、行业管理制度、财政金融支持、创新人才培养、统筹协调 5 个方面，提出了支撑“十三五”时期软件和信息技术服务业发展的政策措施。

我国出台的软件和信息技术服务业政策如表 2-8 所示。

表 2-8　我国软件和信息技术服务业政策汇总

发布时间	具体政策	主要内容
2016 年 5 月	《国务院关于深化制造业与互联网融合发展的指导意见》	到 2025 年，制造业与互联网融合发展迈上新台阶，融合“双创”体系基本完备，融合发展新模式广泛普及，新型制造体系基本形成，制造业综合竞争实力大幅提升
2015 年 8 月	《促进大数据发展行动纲要》	加快政府数据开放共享，推动资源整合，提升治理能力；推动产业创新发展，培育新兴业态，助力经济转型；强化安全保障，提高管理水平，促进健康发展
2016 年 7 月	《国家信息化发展战略纲要》	到 2025 年，新一代信息通信技术得到及时应用，固定宽带家庭普及率接近国际先进水平，建成国际领先的移动通信网络，实现宽带网络无缝覆盖
2016 年 12 月	《国家软件和信息技术服务业“十三五”发展规划（2016—2020 年）》	到 2020 年，产业规模进一步扩大，技术创新体系更加完备，产业有效供给能力大幅提升，融合支撑效益进一步突显，培育壮大一批国际影响力大、竞争力强的龙头企业，基本形成具有国际竞争力的产业生态体系

2.3.4　新一代信息技术产业

新一代信息技术作为七大战略性新兴产业之一，共包括 6 个方面，分别是下一代通信网络、物联网、三网融合、新型平板显示、高性能集成电路和以云计算为代表的高端软件。

2015 年 5 月，国务院发布《中国制造 2025》，提出把新一代信息技术产业作为重点领域，大力推动其突破发展。2016 年的《“十三五”国家战略性新兴产业发展规划》提出壮大战略性新兴产业的规模，到 2020 年把新一代信息技术产业等 5 个战略性新兴产业发展成为产值规模 10 万亿元级的新支柱。《规划》提出大力推进高速光纤网络建设、无线宽带网及基础设施建设，构建网络强国基础设施。同时深入推进互联网在生产领域、生活及公共服务领域的融合应用，促进“互联网+”新业态创新，培育“互联网+”生态体系。《规划》为落实大数据战略，从数据资源开放共享、大数据新应用、大数据安全保障3方面进行重点部署。

在IT核心产业领域，明确了产业升级对基础性保障和高端化转型的要求。在人工智能领域，加快人工智能支撑体系建设，并推动人工智能技术在各领域的应用。最后，提出完善网络经济管理方式，深化电信体制改革。

在“十三五”期间，新一代信息技术产业的发展将保持快速创新发展的态势，并具有新基础、新技术、新业务形式和新机制的重要特征。新一代信息技术已广泛应用于各领域，对经济和社会发展产生了全面的影响。

2.3.5 医药健康产业

2016年10月，国务院印发《“健康中国2030”规划纲要》，表明“健康中国”已正式上升为国家发展战略，大健康产业成为中国经济的新引擎。

2.3.5.1 深化审评审批政策，鼓励药品创新研发

2018年，为推动药物研发，满足用药需求，食药监局印发了《关于调整药物临床试验审评审批程序的公告》，指出在收到新药试验申请60日内，申报者如未收到任何有异议的通知，新药试验即可自行开始。这一革命性举措表明我国药物研发审评审批能力已大幅度提高。

2.3.5.2 加强器械标准规划，完善器械监督管理

2018年，食药监局发布《医疗器械标准规划（2018—2020年）》。《医疗器械标准规划（2018—2020年）》以需求为导向，加快推进医疗器械质量管理、有源、无源3类重点领域医疗器械产品标准化工作。

2.3.5.3 医疗体系持续改革，互联网医疗模式逐渐清晰

2018年1月，国家卫健委、国家中医药局联合颁布《关于印发进一步改善医疗服务行动计划（2018—2020年）的通知》，提出了从2018年起，建立预约诊疗制度、远程医疗制度等多项制度改革。

2018年4月，国务院办公厅印发《关于促进“互联网+医疗健康”发展的意见》，从“互联网+医疗健康”的服务体系、支撑体系和行业监管3个方面提出14个具体意见，对“互联网+医疗健康”模式发展具有指导作用。

2.3.5.4 大部制方案出炉，推动三医联动

2018年，国务院“大部制”改革方案出炉，提出组建国家卫生和计划生育委员会、食品药品监督管理总局、国家医疗保障局。分别统筹管理医疗卫生和计划生育服务资源，各环节食品药品安全性与有效性，城职保、城居保、

新农合三大医保。

2.3.6 智能装备产业

2.3.6.1 做好顶层战略部署

智能制造是新一代信息通信技术与先进制造技术的深度融合。为培育经济增长新动能，落实制造强国战略，2016 年 12 月，工信部、财政部印发了《智能制造发展规划（2016—2020 年）》。

《智能制造发展规划（2016—2020 年）》提出了“十三五”期间我国智能制造产业发展的总体目标，并在关键技术、标准体系、生态体系、重点领域 4 个方面提出了具体目标，明确了智能制造产业发展的 10 项重点任务，并从组织领导、创新体系、财税支持、金融扶持、行业组织、国际合作 6 个方面提出了保障措施，推动规划的落实。

2.3.6.2 推进智能制造标准化

为指导智能制造标准化工作，解决标准缺失、滞后、交叉重复等问题，工信部在 2015 年提出建设国家智能制造标准体系，并建立动态更新机制。2018 年，工信部、国家标准化管理委员会更新体系标准，印发了《国家智能制造标准体系建设指南（2018 年版）》。

《国家智能制造标准体系建设指南（2018 年版）》提出从基础共性、关键技术、行业应用 3 个维度构建智能制造体系框架，并在此基础上对各个维度进行细分。基础共性标准包括通用、安全、可靠性、检测和评价 5 个部分。关键技术标准主要包括智能装备、智能工厂、智能服务、智能赋能技术和工业网络 5 个部分。《国家智能制造标准体系建设指南（2018 年版）》还依据基础共性标准和关键技术标准，确定了新一代信息技术、高档数控机床和机器人等十大重点领域，优先在重点领域实现突破，然后逐步覆盖智能制造全应用领域。图 2-1 总结了智能制造产业的有关国家政策。

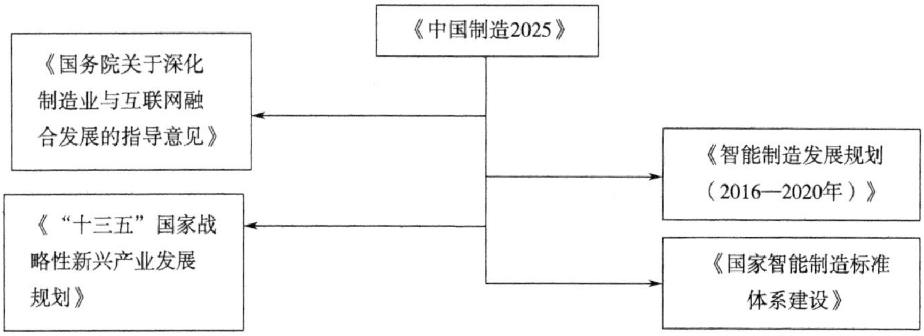

图 2-1 智能制造产业国家政策脉络

2.3.7 人工智能产业

为抓住人工智能发展的重大战略机遇，建设创新型国家和世界科技强国，2017年，国务院印发了《新一代人工智能发展规划》。

《新一代人工智能发展规划》作为指导我国人工智能发展的纲领性文件，肯定了我国人工智能发展的成果，但也指出我国人工智能领域在研发、人才（特别是高端人才）、产业体系三方面存在短板。为此，《新一代人工智能发展规划》提出建立人工智能科技创新体系，重点部署高端高效智能经济，前瞻布局新一代人工智能重大科技项目。

在科技创新体系方面，《新一代人工智能发展规划》提出建立八大基础理论体系、八大关键共性技术体系、五大人工智能创新平台，并要求加强学科建设，培养聚集高端人才，为部署高端高效智能经济，大力发展人工智能新兴产业，推进产业智能化升级，培育智能企业领军人物，打造人工智能创新高地。《新一代人工智能发展规划》为布局新一代人工智能重大科技项目，提出形成以新一代人工智能重大科技项目为核心、现有研发布局为支撑的“1+N”人工智能项目群。

《新一代人工智能发展规划》针对我国人工智能发展的薄弱环节，提出了一系列明确可操作的措施，同时从法律法规、支持政策、技术标准和知识产权体系、安全和评估体系、劳动力培训、科普活动6个方面提出保障措施，确保其有效实施。

2.3.8 新能源汽车产业

汽车产业是国民经济的重要支柱产业，但随着我国经济持续快速发展和城镇化进程加速推进，带来了严重的能源紧张和环境污染问题。因此，加快培育和发展节能汽车与新能源汽车，是缓解能源和环境压力、推动汽车产业可持续发展的重要战略举措。

2012年，国务院印发了《节能与新能源汽车产业发展规划（2012—2020年）》。《节能与新能源汽车产业发展规划（2012—2020年）》成为新能源汽车产业的纲领性文件，指导了新能源汽车产业的发展方向，明确了新能源汽车发展的重点任务。

2019年，为抢抓机遇，建设汽车强国，工信部起草了《新能源汽车产业发展规划（2021—2035年）（征求意见稿）》，提出到2025年我国新能源汽车产业发展的愿景，并提出提高创新能力，构建互融共生、分工合作、利益共享的新型产业生态，推动新能源汽车与能源产业、交通产业、信息通信产业及相关产业融合发展，同时提出大力推动充换电网络建设，推动智能路网建设推进氢燃料供给体系建设。

2.3.9 新材料产业

为深化落实《中国制造 2025》，2017 年，工信部等四部委发布《新材料产业发展指南》。《新材料产业发展指南》是“十三五”期间指导新材料产业发展的重要文件。《新材料产业发展指南》将先进基础材料、关键战略材料、前沿新材料作为主要发展对象，有利于政府部门分类施策，提高政策措施的准确性和有效性。

同时，国务院及各部委针对新材料相关领域制定了明确的“十三五”规划。其中以国务院发布的《“十三五”国家战略性新兴产业发展规划》为核心，2016 年 10 月工信部发布的《有色金属工业发展规划》和《稀土行业发展规划》等相关内容也包括在内。图 2-2 梳理了新材料产业的相关政策。

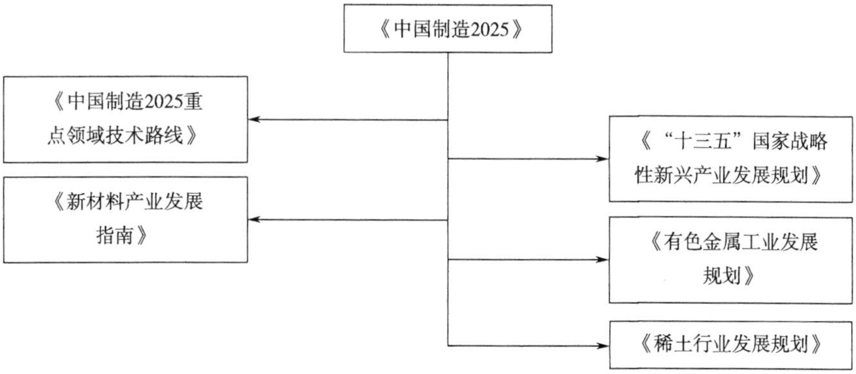

图 2-2 新材料产业国家政策脉络

2.3.10 科技服务产业

现代服务业是指在工业化比较发达的阶段产生的、主要依托信息技术和现代管理理念发展起来的、信息和知识相对密集的服务业。

为加快推进现代服务业发展，2017 年，科技部印发了《“十三五”现代服务业科技创新专项规划》，作为现代服务业的纲领性文件，指导现代服务业的发展。

《“十三五”现代服务业科技创新专项规划》对“十三五”服务业科技发展进行总体部署，构建了“142”体系框架，即一大支柱（基础理论和共性技术）、四大重点领域（生产性服务业、新兴服务业、文化与科技深度融合发展、科技服务业）、两大支撑体系（科技创新体系、产业发展支撑体系）。

基础理论和共性关键技术是我国现代服务业发展的短板，因此《“十三五”现代服务业科技创新专项规划》围绕提升服务能力与品质、提升服务效率与效益、提升服务安全与信用这 3 个重点问题，加强现代服务业理论研究和共性关键技术研发。

与“十二五”相比，《“十三五”现代服务业科技创新专项规划》新增了“推进文化与科技深度融合发展”部分，重点布局民族民间文化资源服务、文化艺术展演服务、内容知识服务、影视媒体服务、文化旅游服务和文化创意设计服务六大领域，提高文化产业整体实力。同时《“十三五”现代服务业科技创新专项规划》还推动生产性服务业向价值链高端延伸，积极培育发展新兴服务业，着力做大做强科技服务业，完善现代服务业科技创新体系，强化现代服务业发展支撑体系。

参考文献

[1] 余晓晖．新一代信息技术产业：“十三五”仍将保持高速创新发展［J］．中国战略新兴产业，2017（01）：28-31.

[2] 梁智昊，许守任．“十三五”新一代信息技术产业发展策略研究［J］．中国工程科学，2016，18（04）：32-37.

[3] 徐颀强．促进战略性新兴产业发展的土地政策体系设计：概评《战略性新兴产业土地政策研究——以湖北省为例》［J］．社会科学动态，2019（10）：121-122.

[4] 周城雄，李美桂，林慧，等．战略性新兴产业：从政策工具、功能到政策评估［J］．科学学研究，2017，35（03）：346-353.

3　北京市高精尖产业行业布局与发展评价[①]

3.1　问题提出

技术的发展与产业结构的变迁引领着新的发展方向，现阶段北京市需要探索一条适合当前社会形势的发展路径。因此，北京市提出构建“高精尖”经济结构以提高经济增长速度、促进整体发展。北京市高精尖产业是什么、发展状况如何以及应该如何发展，学者们对这一系列问题展开了初步探讨。

何谨（2018）从政策角度分析北京市构建高精尖经济结构的内涵。杨正一、张杰（2019）从宏观角度研究了高精尖产业的集聚水平及集聚效应，并提出可行性发展建议。张杰（2018）提出北京市在发展高精尖产业体系过程中的四大认知误区。贾晓俊（2018）基于北京市对高精尖产业发展的指导，从财税政策的角度提出在发展高精尖产业的同时应当考虑到税收优惠，制定相应的优惠政策，为北京地区的企业开通绿色通道。卜文娟（2018）探讨了科技创新在高精尖产业发展中所起的作用。然而，高精尖产业相关方面的研究大多是基于宏观视角，尚未进一步探讨不同高精尖产业发展水平的差异。北京市的高技术产业在全国范围内处于什么样的发展水平呢？不同的高精尖产业在发展水平上是否存在着差异？

为解决上述问题，本章通过描述性统计、因子分析法，对全国各地区高技术产业以及北京市高精尖产业的发展状况进行分析和评估。首先，对北京市政府构建“高精尖”经济结构的指导意见等进行归纳概括，并解释高精尖产业的概念。其次，系统分析高精尖产业行业布局。此处归纳为三个部分：第一部分从高精尖产业的行业划分出发，通过相关数据对北京市整体情况进行分析；第二部分运用统计软件对中国31个省区市的高精尖产业发展进行评价并排名；第三部分对北京市相关高精尖产业的发展进行评价分析，确定产

① 本章作者：董欣欣，首都经济贸易大学硕士研究生，主要研究领域为电商与供应链管理。

业排名。

3.2 高精尖产业概述

1949 年前，北京被定义为消费城市，产业发展不成熟，发展生产成为主要任务。20 世纪 50 年代初期，北京大力发展工业，并且优先发展重工业，形成了以钢铁、石化等为主体的工业产业体系。然而，在北京坚持着力发展重工业的同时，也引发了许多问题，使得资源环境等受到一定程度的影响。改革开放时期，中央书记处于 1980 年 4 月做出指导，提出要紧抓“适合首都特点的经济建设”，不再发展重工业。1983 年 7 月，中央及国务院强调北京是政治和文化中心，提出“四个服务”的职能定位，重点发展高科技产业。1997 年，第八次党代会提出发展“首都经济”，这是一种发展以信息技术和信息产业为主的经济模式。在各项发展战略的推动下，产业结构逐步调整。进入 21 世纪，更加注重高质量的经济发展战略。2003 年 10 月，十六届三中全会提出科学发展观。2007 年，十七大报告提出加快转变经济发展方式，走新型工业化道路。2008 年，北京市委提出“人文北京、科技北京、绿色北京”发展战略。在一系列的政策推动下，产业结构由低水平向高水平调整，逐步转向“高精尖”。

北京市的科研资源和创新专利是支撑首都未来发展的基石。首先，在科研资源层面，据北京市统计局相关数据显示，2018 年研究生新生人数为 11.7 万人，在读研究生人数为 33.6 万人，毕业研究生人数为 8.7 万人。2018 年本专科招生人数是 15.6 万人，在读的本专科学生人数是 58.1 万人，毕业的本专科学生是 14.7 万人。在专利数量方面，2018 年，专利申请量 21.12 万件，授权量 12.35 万件，分别比上年增长 13.6%和 15.5%。2018 年共签订各类技术合同 8.25 万项，同比增长 1.5%；技术合同成交总额 4 957.8亿元，同比增长 10.5%；技术交易额 4 069.5 亿元，同比增长 9.9%，占全市成交额的 82.08%。

北京市 1998—2018 年的技术合同成交金额参见图 3-1。据北京市科委统计，2017 年“高精尖”领域输出技术合同 2 434.6 亿元，比上年增长 16.2%。城市建设与社会发展领域落地技术 4 032 项，成交额 267.3 亿元，占 11.3%；现代交通领域落地技术 1 056 项，成交额 125.6 亿元，增长 46.6%。

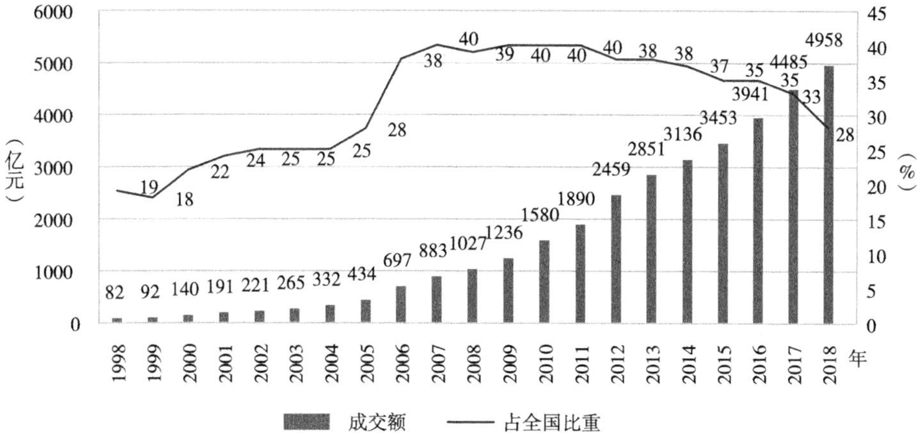

图 3-1　1998—2018 年北京技术合同成交额

3.3　行业布局

3.3.1　高精尖产业的行业划分

为进一步优化营商环境，加快构建高精尖经济结构，推动首都高质量发展，北京市经济信息化局、市科委、市市场监督管理局联合印发了《北京市十大高精尖产业登记指导目录（2018 版）》，将高精尖产业分为 10 个大类、210 个行业新兴小类。10 个大类基本来自 2017 年的高精尖产业发展指导意见，210 个行业新兴小类则是指此行业中新近涌现出的细分行业，详见表 3-1。

表 3-1　北京市高精尖产业行业大类和行业小类数量

序号	行业大类名称	行业小类数量
1	新一代信息技术	21
2	集成电路	6
3	医药健康	16
4	智能装备	80
5	节能环保	25
6	新能源智能汽车	10
7	新材料	15
8	人工智能	6
9	软件和信息服务	19
10	科技服务	12

北京市科学技术委员会在2017年7月20日公布了2017年度“北京科创企业清单”企业名录，共有19 111家，涵盖各个类型的企业。此外，北京市科委发布了经认定的高新技术企业的名录，包含20 182家，分布在不同的城区。

北京市十大高精尖产业的具体行业范围参见表3–2。

表3–2 北京市十大高精尖产业行业范围

行业大类名称	行业小类序号	行业小类名称
新一代信息技术（21个）	1	移动通信关键设备和宽带光通信传输和接入关键设备
	2	移动通信核心元器件
	3	移动通信终端产品
	4	移动通信网络运营服务
	5	光纤宽带网运营服务
	6	下一代互联网运营服务
	7	新型显示设备及器件
	8—9	下一代广播电视网运营服务
	10	卫星遥感及卫星通信运营服务
	11	网络与信息安全软件
	12—13	网络与信息安全服务
	14	数据处理和存储服务
	15	大数据应用与服务
	16	云计算服务
	17	云计算软件
	18	物联网技术和应用服务
	19	高端终端产品
	20—21	超高清设备研发生产
集成电路（6个）	1	集成电路芯片设计
	2	集成电路制造与封装
	3	集成电路材料
	4	集成电路设备
	5	集成电路设计平台及配套IP库开发
	6	电子专用材料

续表

行业大类名称	行业小类序号	行业小类名称
医药健康（16个）	1	生物制品制造
	2	基因工程药物和疫苗制造
	3	化学药品新药制剂制造
	4	智能化中药与民族药制造
	5—9	先进医疗设备及器械制造
	10	植介入生物医用材料及设备制造
	11	其他医疗设备及器械制造
	12	新一代互联网在线问诊平台
	13	新一代互联网协同办公平台
	14	人工智能医学应用软件开发
	15	新一代医疗行业应用软件开发
	16	新兽药、兽药新制剂和兽用生物制品制造
智能装备（80个）	1—6	高端金属制品
	7	交通运输装备
	8	新能源装备
	9—10、12	数控机床
	11	数字成型装备
	13—14	智能仓储物流装备
	15—18、21—25	核心元器件
	19—20	精密基础元件和传动装置
	26—27、64	机器人
	28	增材制造
	29—33	工程机械
	34—44	智能制造成套装备
	45—46	特色智能专用装备
	47—49	轨道交通
	50—54	航空航天
	55	高端能源装备

续表

行业大类名称	行业小类序号	行业小类名称
智能装备（80 个）	56	智能传感
	57—59	智能电网
	60	新能源装备
	61	智能照明
	62	智能控制装置
	63	特色智能专用装备
	65	智能控制装置
	66、69—71、73—74	智能检测与装配装备
	67—68、72	科学仪器
	75—80	高端设备维修
节能环保（25 个）	1	环境污染处理药剂及材料
	2—3	环保装备
	4	环保监测
	5	节能监测
	6	污水再生利用
	7	海水淡化处理
	8	海绵城市建设
	9	环保咨询服务
	10	海洋环境服务
	11	环境评估监测
	12	生态资源监测
	13	高效节能技术推广
	14—15	先进环保与资源化利用技术推广
	16	水资源循环利用与节水
	17	水污染治理
	18	大气污染治理
	19	固体废物治理
	20	危险废物治理
	21	放射性污染治理
	22	土壤污染治理与修复

续表

行业大类名称	行业小类序号	行业小类名称
节能环保（25个）	23	噪音污染与振动控制治理
	24	市政设施管理
	25	环境卫生管理
新能源智能汽车（10个）	1	新能源智能汽车整车制造
	2	新能源智能汽车改装汽车制造
	3	新能源智能汽车动力总成系统制造
	4	新能源智能汽车关键零部件及配件制造
	5	智能车载设备制造
	6	锂离子电池制造
	7	其他电池制造
	8	新能源智能汽车及零配件批发
	9	新能源智能汽车租赁
	10	新能源智能汽车技术推广服务
新材料（15个）	1	高性能膜材料
	2、6	高性能纤维及制品和复合材料
	3	高分子光、电、磁材料
	4	装配式建筑用新型建材
	5	关键电子材料
	7	纳米材料
	8	先进无机非金属材料
	9—11	先进有色金属材料
	12	特种陶瓷材料
	13—15	先进电子材料
人工智能（6个）	1	人工智能基础软件
	2	人工智能系统
	3	人工智能平台服务
	4	人工智能芯片
	5	人工智能应用
	6	人工智能关键器件

续表

行业大类名称	行业小类序号	行业小类名称
软件和信息服务（19个）	1	工业互联网络运营服务
	2	基础软件
	3	工业软件
	4	行业软件
	5	广播电视网络维护及运营支撑软件
	6	信息技术咨询服务
	7	信息系统集成服务
	8	高端信息技术服务支撑软件
	9	区块链软件开发
	10	互联网生产服务平台
	11	互联网生活服务平台
	12	互联网科技创新平台
	13	互联网公共服务平台
	14	数字文化创意软件
	15	数字文化创意内容制作与应用服务
	16	地理信息加工服务
	17	移动计算软件平台
	18	移动应用软件
	19	广播电视网络维护及运营支撑软件
科技服务（12个）	1	工程管理服务
	2	工程勘察，工程设计
	3—6	研究和试验发展
	7—8	专业化设计服务
	9	创业空间服务
	10	知识产权服务
	11	质检技术服务
	12	科技咨询服务

如表 3-2 所示，新一代信息技术包括 21 个行业小类。集成电路包括 6 个行业小类，具体包括芯片设计、电子专用材料制造等方面。医药健康包括 16 个行业小类。智能装备产业包括 80 个行业小类。节能环保包括 25 个行业小类，具体包括环保装备的研发、污水再生利用、水和大气污染治理等。新能源智能汽车包括 10 个行业小类。新材料产业包括 15 个行业小类。人工智能包括 6 个行业小类。软件和信息技术服务业包括 19 个行业小类。科技服务业包括 12 个行业小类。

3.3.2 北京市经济发展整体情况分析

表 3-3 是 2018 年北京市行政区划统计结果，详细列示了各区域的街道办事处、建制镇、建制乡、社区委员会以及村民委员会的数量。北京市将其 16 区划分为四大功能区：首都功能核心区、城市功能拓展区、城市发展新区、生态涵养发展区，四个区域在北京市经济发展中分别承担着不同的功能。

表 3-3　北京市行政区划统计　　单位：个

区域	街道办事处	建制镇	建制乡	社区委员会	村民委员会
首都功能核心区	32	0	0	436	0
东城区	17	0	0	177	0
西城区	15	0	0	259	0
城市功能拓展区	71	9	22	1 543	292
朝阳区	24	0	19	475	144
丰台区	16	2	3	337	64
石景山区	9	0	0	150	0
海淀区	22	7	0	581	84
城市发展新区	36	71	7	890	2 183
房山区	8	14	6	160	459
通州区	6	10	1	130	470
顺义区	6	19	0	134	426
昌平区	8	14	0	238	301
大兴区	8	14	0	228	527
生态涵养发展区	13	63	9	340	1 440
门头沟区	4	9	0	120	178
怀柔区	2	12	2	35	284

续表

区域	街道办事处	建制镇	建制乡	社区委员会	村民委员会
平谷区	2	14	2	40	272
密云区	2	17	1	98	330
延庆区	3	11	4	47	376
全市	152	143	38	3 209	3 915

表 3-4 统计了北京市各地区生产总值。如表 3-4 所示，2018 年北京市实现 GDP 30 320.0 亿元，较 2017 年增长 6.6%。并且，全市各区的地区生产总值与上一年相比都有所增长，且增长率均在 7%左右，共同推动了北京市经济的发展。

表 3-4　2017 年、2018 年北京市各地区生产总值　　单位：亿元

区域		2018 年	2017 年	增长（%）
首都功能核心区	东城区	2 425.7	2 247.2	6.3
	西城区	4 243.9	3 920.7	6.5
城市功能拓展区	朝阳区	6 093.5	5 635.5	6.5
	丰台区	1 551.1	1 427.5	6.4
	石景山区	584.6	535.4	7.0
	海淀区	6 479.5	5 942.8	7.7
城市发展新区	房山区	761.8	681.7	6.5
	通州区	832.4	758.0	7.5
	顺义区	1 864.0	1 715.9	6.1
	昌平区	902.0	839.7	6.4
	大兴区①	2 209.9	2 011.1	9.9
生态涵养发展区	门头沟区	188.1	174.4	6.2
	怀柔区	309.3	285.8	6.3
	平谷区	251.0	233.6	5.2
	密云区	300.2	278.2	6.1
	延庆区	151.9	136.2	8.5
全市		30 320.0	28 014.9	6.6

①其中北京经济技术开发区 2017 年、2018 年地区生产总值分别为 1 366.5 亿元、1 509.5 亿元，增长率为 10.6%。

表 3-5 列示了 2018 年北京市按行业分地区生产总值。根据表 3-5 可知，第三产业生产总值最高，达到 24 553.6 亿元，约占北京市地区生产总值 80.98%，成为北京市经济增长的主要推动力。细分行业的生产总值同样表明这一特征，具体而言，信息传输、软件和信息技术服务业增速最快，同比增长 19.0%。

表 3-5　2018 年北京市按行业分地区生产总值

类别	生产总值（亿元）	增速（%）
地区生产总值	30320.0	6.6
按产业分		
第一产业	118.7	-2.3
第二产业	5 647.7	4.2
第三产业	24 553.6	7.3
按行业分		
农、林、牧、渔业	121.1	-2.3
工业	4 464.6	4.5
建筑业	1 274.9	3.3
批发和零售业	2 530.4	0.6
交通运输、仓储和邮政业	1 346.2	7.0
住宿和餐饮业	440.8	1.6
信息传输、软件和信息技术服务业	3 859.0	19.0
金融业	5 084.6	7.2
房地产业	1 748.3	-0.4
租赁和商务服务业	2 016.6	1.9
科学研究和技术服务业	3 223.9	10.4
水利、环境和公共设施管理业	235.1	3.7
居民服务、修理和其他服务业	183.3	4.1
教育	1 432.1	6.7
卫生和社会工作	760.5	8.7
文化、体育和娱乐业	645.9	5.7
公共管理、社会保障和社会组织	952.7	5.8

表 3-6 展示了北京市新兴产业增加值的统计结果。2018 年新兴产业增加

值总计 37 561. 8 亿元。相较于 2017 年，新兴产业增加值增长了 3 288. 6 亿元，增长率为 9. 6%。其中，高技术产业增加值新增 600. 2 亿元，战略性新兴产业增加值新增 411. 0 亿元，信息产业增加值新增 616. 8 亿元。

表 3-6　2017 年、2018 年新兴产业增加值　　单位：亿元

项目	2018 年	2017 年	增加值
战略性新兴产业	4 893. 4	4 482. 4	411. 0
高技术产业	6 976. 8	6 376. 6	600. 2
现代制造业	2 149. 7	2 126. 5	23. 2
现代服务业	18 601. 3	16 963. 8	1 637. 5
信息产业	4 940. 7	4 323. 9	616. 8
合计	37 561. 8	34 273. 2	3 288. 6

表 3-7 是北京市新兴产业增加值占全市地区生产总值比重。2017 年和 2018 年各新兴产业增加值占全市地区生产总值的比重变化幅度较小，都在 1%以下。其中，2018 年高技术产业占比较高，达到 23%；战略性新兴产业和信息产业占比较为接近，分别为 16. 1%和 16. 3%。

表 3-7　2017 年、2018 年新兴产业增加值占北京市地区生产总值比重

项目	2018 年	2017 年
战略性新兴产业	16. 1%	16. 0%
高技术产业	23. 0%	22. 8%
现代制造业	7. 1%	7. 6%
现代服务业	61. 3%	60. 6%
信息产业	16. 3%	15. 4%

资料来源：《北京市统计年鉴 2019》。

图 3-2 为 2014—2018 年北京市第一产业、第二产业、第三产业生产总值的增加值。第一产业在这五年期间的产值增加值逐年减少；第二产业产值增加值呈逐年稳步上升趋势；第三产业产值增加值在这一时期增势最迅猛，增长了 43. 4%。

图 3-3 为 2014—2018 年北京市地区生产总值及增速。整体上，北京市地区生产总值保持稳定增长，增速稳定。

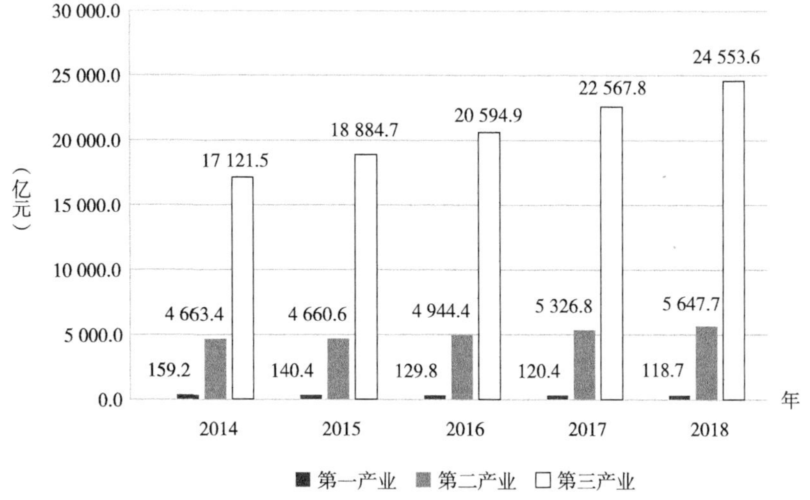

图 3-2　北京市 2014—2018 年第一、二、三产业增加值

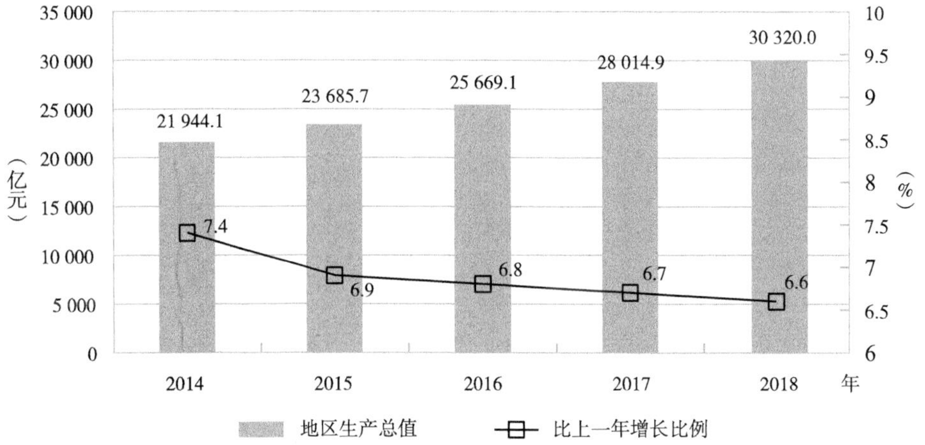

图 3-3　北京市 2014—2018 年地区生产总值及增速

北京市常住人口总量及增速参见图 3-4。2014—2018 年北京市整体常住人口总量维持在 2170 万左右。2018 年末，北京常住人口 2154. 2 万人，与 2017 年相比稍有下滑。而 2017 年常住人口总量较之 2016 年下降 0. 1%。

根据北京市统计年鉴数据，2018 年北京市第一产业占比 0. 4%，第二产业占比 18. 6%，第三产业占比 81. 0%。第三产业占比较高。

2014—2018 年北京市经济总体情况（地区生产总值情况）参见表 3-8。

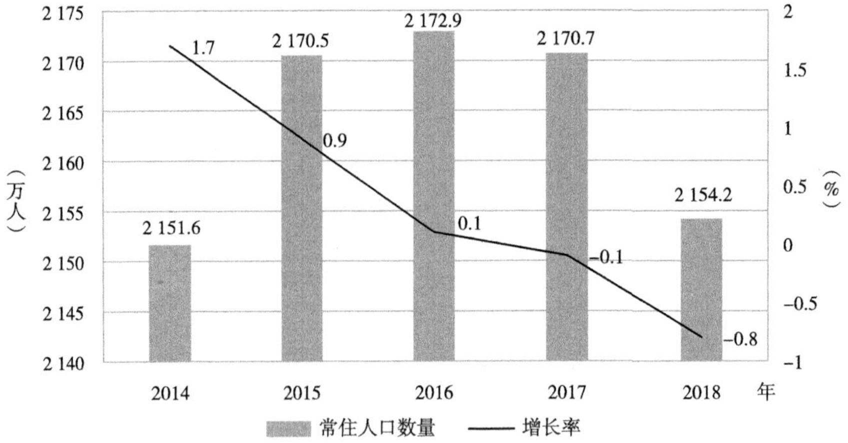

图 3-4　2014—2018 年北京市常住人口总量及增速

资料来源：北京市统计局。

表 3-8　2014—2018 年北京市地区生产总值

年份	地区生产总值（亿元）	第一产业（亿元）	第二产业（亿元）	第三产业（亿元）	人均地区生产总值（元）
2014	21 944. 1	159. 2	4 663. 4	17 121. 5	102 869
2015	23 685. 7	140. 4	4 660. 6	18 884. 7	109 603
2016	25 669. 1	129. 8	4 944. 4	20 594. 9	118 198
2017	28 014. 9	120. 4	5 326. 8	22 567. 8	128 994
2018	30 320. 0	118. 4	5 647. 7	24 553. 6	140 211

资料来源：《北京市统计年鉴 2019》。

表 3-9 为 2014—2018 年北京市地区生产总值指数情况（上年=100）。

表 3-9　2014—2018 年北京市地区生产总值指数

年份	地区生产总值	第一产业	第二产业	第三产业	人均地区生产总值
2014	107. 4	100. 0	107. 0	107. 6	105. 3
2015	106. 9	89. 2	103. 2	108. 2	105. 5
2016	106. 8	91. 3	106. 3	107. 0	106. 3
2017	106. 7	94. 1	104. 7	107. 3	106. 7
2018	106. 6	97. 7	104. 2	107. 3	107. 1

资料来源：《北京市统计年鉴 2019》。

3.3.3　中国高技术产业发展评价

3.3.3.1　产业评价指标体系构建

为对产业的发展情况进行评价，需建立一套科学、全面、可行的产业发展指标评价体系。首先，选取指标需要满足科学性的原则，这也是使结果具有可靠性的前提。其次，坚持可行性原则，在指标选取时不仅要考虑该指标是否能够较好地反映高精尖产业的发展情况，还需保证该指标本身能够根据现有资料计算得出。即所选取的指标要先能够量化为数字，才能够投入使用，进而计算有关指标值。最后，建立指标评价体系需要遵循全面性原则，因为只有全面评价研究对象，才能够保证评价结果的准确性。所以，在选取评价指标时需要考虑到高精尖产业的整体发展情况。

鉴于高技术产业的发展能够在较大程度上反映地区科技创新水平，所以首先对高技术产业在全国各省（区、市）的发展水平进行分析。在进行 31 个省（区、市）的实证分析中，本节基于郝亮（2014）对高技术产业的理解及前人的研究成果来考虑高技术产业竞争力的评价指标体系。本节共划分出六个方面进行衡量，具体包括高技术产业的产业投入、产业产出、产业创新能力、产业政策环境、产业集聚情况、产业技术支持环境。具体产业竞争力评价指标参见表 3-10。

表 3-10　产业竞争力评价指标体系

一级指标	二级指标	指标含义
产业投入（A_1）	产业人均 R&D 经费（A_{11}）	产业 R&D 经费投入总额/产业 R&D 人员
	人均产业投资额（A_{12}）	高技术产业投资额/人口数
产业产出（A_2）	人均主营业务收入（A_{21}）	高技术产业的主营业务收入/人口数
	利润率（A_{22}）	利润/主营业务收入×100%
	企业平均出口交货值（A_{23}）	高技术产业生产产品的出口交货值/地区高技术产业企业个数
	国内市场占有率（A_{24}）	
产业创新能力（A_3）	企业平均有效发明专利数（A_{31}）	高技术产业有效的专利数/地区高技术产业企业个数
	企业平均新产品销售收入（A_{32}）	高技术产业新产品销售所得收入/地区高技术产业企业个数
	新产品出口销售率（A_{33}）	新产品出口销售收入/新产品销售收入×100%

续表

一级指标	二级指标	指标含义
产业政策环境（A_4）	地方人均财政科技支出（A_{41}）	政府在科技方面的财政支出/人口数
	地方财政科技支出的比重（A_{42}）	政府在科技方面的财政支出/政府财政一年总支出×100%
产业集聚情况（A_5）	高技术产业人均总产值（A_{51}）	地区高技术产业总产值/人口数
产业技术支持环境（A_6）	R&D 机构人数占总人数的比重（A_{61}）	R&D 机构工作人数/R&D 共有人数×100%
	产业 R&D 机构数（A_{62}）	高技术产业 R&D 机构总数
	企业平均技术市场成交合同金额（A_{63}）	技术市场成交合同金额/地区高技术产业企业个数

注：“高技术产业总产值”统计数据缺乏准确数据，本表用“高新技术产业开发区总产值”数据代替，此数据源于《中国科技统计年鉴 2017》。

关于多指标体系的评价方法有很多，不同方法都存在各自的利弊。例如，加权综合法简单易懂，但是赋予权重时主观性强。本节采用因子分析法，该方法能够通过少数公共因子来解释多个观测变量之间的复杂关系，具有较强的实用性。

3.3.3.2 实证分析

（1）描述性统计

表 3-11 是本章运用统计软件 SPSS25.0 对数据进行因子分析所得的描述性统计表。全部指标的分析个案数均为 31 个省区市。

表 3-11 描述性统计

指标	样本量	平均值	标准偏差
产业人均 R&D 经费	31	29.113	7.877
人均产业投资额	31	0.146	0.102
人均主营业务收入	31	0.901	1.012
利润率	31	8.965%	5.686%
企业平均出口交货值	31	1.130	1.282

续表

指标	样本量	平均值	标准偏差
国内市场占有率	31	0.032	0.054
企业平均有效发明专利数	31	6.800	5.302
企业平均新产品销售收入	31	10 564.490	7 519.741
新产品出口销售率	31	21.474%	21.159%
地方人均财政科技支出	31	0.030	0.033
地方财政科技支出的比重	31	1.974%	1.438%
高新技术产业开发区人均总产值	31	1.379	1.165
R&D 机构人数占总人数的比重	31	66.256%	23.105%
产业 R&D 机构数	31	443.260	933.566
企业平均技术市场成交合同金额	31	5 168.974	9 266.246

(2) KMO 和巴特利特球形检验

运用统计软件 SPSS25.0 进行 KMO 和巴特利特球形检验，结果参见表 3-12。

表 3-12 KMO 和巴特利特球形检验结果

KMO 取样适切性量数		0.676
巴特利特球形检验	近似卡方	423.706
	自由度	105
	显著性	0.000

由表 3-12 结果可知，KMO 值为 0.676，根据 KMO 度量标准，数值大于 0.5，偏相关性弱，原始数据适合进行因子分析，巴特利特球形检验的显著性小于 0.001，可以做因子分析。

(3) 因子分析的共同度

从表 3-13 可以看出，因子分析的各项指标初始共同度为 1.000，因子分析的效果较好。各项指标提取特征根的共同度较好，平均在 80%左右，能够说明结果较好地反映了指标信息。

表 3-13 公因子方差

指标	初始	提取
产业人均 R&D 经费	1.000	0.676
人均产业投资额	1.000	0.644
人均主营业务收入	1.000	0.931
利润率	1.000	0.782
企业平均出口交货值	1.000	0.697
国内市场占有率	1.000	0.931
企业平均有效发明专利数	1.000	0.816
企业平均新产品销售收入	1.000	0.673
新产品出口销售率	1.000	0.768
地方人均财政科技支出	1.000	0.878
地方财政科技支出的比重	1.000	0.821
高新技术产业开发区人均总产值	1.000	0.811
R&D 机构人数占总人数的比重	1.000	0.776
产业 R&D 机构数	1.000	0.932
企业平均技术市场成交合同金额	1.000	0.764

注：提取方法为主成分分析法。

（4）解释的总方差

总方差解释表参见表 3-14。由表 3-14 可知，累计方差贡献率接近 80%，根据这一结果我们确定四个主因子，分别为 F_1、F_2、F_3、F_4。

表 3-14 总方差解释

成分	初始特征值			提取载荷平方和			旋转载荷平方和		
	总计	方差百分比	累计方差贡献率	总计	方差百分比	累计方差贡献率	总计	方差百分比	累计方差贡献率
1	6.691	44.609	44.609	6.691	44.609	44.609	4.191	27.942	27.942
2	2.734	18.228	62.836	2.734	18.228	62.836	3.409	22.725	50.667
3	1.466	9.772	72.608	1.466	9.772	72.608	2.657	17.714	68.381
4	1.009	6.724	79.332	1.009	6.724	79.332	1.643	10.951	79.332
5	0.789	5.262	84.594						

续表

成分	初始特征值			提取载荷平方和			旋转载荷平方和		
	总计	方差百分比	累计方差贡献率	总计	方差百分比	累计方差贡献率	总计	方差百分比	累计方差贡献率
6	0.635	4.233	88.827						
7	0.452	3.012	91.839						
8	0.386	2.574	94.414						
9	0.267	1.782	96.196						
10	0.206	1.376	97.572						
11	0.149	0.992	98.564						
12	0.129	0.859	99.423						
13	0.058	0.390	99.813						
14	0.020	0.130	99.943						
15	0.009	0.057	100.000						

注：提取方法为主成分分析法。

(5) 确定因子的含义

这一步骤采用方差最大化方法进行正交旋转，旋转后的成分矩阵见表 3-15。

表 3-15 旋转后的成分矩阵

指标	F_1	F_2	F_3	F_4
产业人均 R&D 经费	0.799	0.071	0.020	-0.178
人均产业投资额	-0.060	0.315	0.494	0.544
人均主营业务收入	0.506	0.595	0.543	0.160
利润率	-0.092	-0.110	-0.208	-0.848
企业平均出口交货值	0.174	0.118	0.801	0.102
国内市场占有率	0.168	0.889	0.333	0.033
企业平均有效发明专利数	0.766	0.405	0.094	-0.238
企业平均新产品销售收入	0.382	0.295	0.568	0.343
新产品出口销售率	-0.029	0.155	0.854	0.117
地方人均财政科技支出	0.887	0.162	0.239	0.085

续表

指标	F_1	F_2	F_3	F_4
地方财政科技支出的比重	0.644	0.556	0.230	0.211
高新技术产业开发区人均总产值	0.802	0.113	0.263	0.292
R&D 机构人数占总人数的比重	-0.022	0.758	-0.029	0.448
产业 R&D 机构数	0.097	0.935	0.214	0.039
企业平均技术市场成交合同金额	0.798	-0.249	-0.179	0.182

第一主因子 F_1 在地方人均财政科技支出、高技术产业开发区人均总产值、产业人均 R&D 经费、企业平均技术市场成交合同金额、企业平均有效发明专利数、地方财政科技支出的比重几项指标上有较大载荷。

第二主因子 F_2 在产业 R&D 机构数、国内市场占有率、R&D 机构人数占总人数的比重、人均主营业务收入几项指标上有较大载荷。

第三主因子 F_3 在新产品出口交货值、企业平均新产品销售收入两项指标上有较大载荷。

第四主因子 F_4 在利润率和人均产业投资额两项指标上有较大载荷。

(6) 计算因子得分值

根据统计软件 SPSS25.0 得出的因子得分系数表参见表 3-16。

表 3-16　因子得分系数矩阵

指标	F_1	F_2	F_3	F_4
产业人均 R&D 经费	0.223	-0.019	-0.021	-0.158
人均产业投资额	-0.082	-0.008	0.118	0.290
人均主营业务收入	0.055	0.100	0.141	-0.062
利润率	0.001	0.082	0.107	-0.627
企业平均出口交货值	-0.022	-0.139	0.445	-0.126
国内市场占有率	-0.049	0.317	0.004	-0.141
企业平均有效发明专利数	0.181	0.125	-0.027	-0.257
企业平均新产品销售收入	0.041	-0.049	0.185	0.110
新产品出口销售率	-0.088	-0.118	0.483	-0.130
地方人均财政科技支出	0.224	-0.056	0.028	-0.007
地方财政科技支出的比重	0.122	0.132	-0.073	0.060

续表

指标	F_1	F_2	F_3	F_4
高新技术产业开发区人均总产值	0. 201	-0. 096	0. 009	0. 160
R&D 机构人数占总人数的比重	-0. 066	0. 309	-0. 286	0. 298
产业 R&D 机构数	-0. 064	0. 368	-0. 077	-0. 111
企业平均技术市场成交合同金额	0. 263	-0. 157	-0. 169	0. 214

各主因子得分计算公式为：

$$F_1=0.223\,A_{11}-0.082\,A_{12}+0.055\,A_{21}+\cdots+0.263\,A_{63}$$

$$F_2=-0.019\,A_{11}-0.008\,A_{12}+0.100\,A_{21}+\cdots-0.157\,A_{63}$$

$$F_3=-0.021\,A_{11}+0.118\,A_{12}+0.141\,A_{21}+\cdots-0.169\,A_{63}$$

$$F_4=-0.158\,A_{11}+0.290\,A_{12}-0.290\,A_{21}+\cdots+0.214\,A_{63}$$

由解释的总方差表中的贡献率可得四个主成分的贡献率分别为 44. 609%、18. 228%、9. 772%以及 6. 724%。由此可得高技术产业发展综合得分为：

$$F=44.609\%\,F_1+18.228\%\,F_2+9.772\%\,F_3+6.724\%\,F_4$$

利用 SPSS25. 0 软件计算我国 31 个省区市高技术产业综合得分及排名如表 3-17 所示。

表 3-17　我国 31 个省区市高技术产业综合得分及排名

地区	F_1	F_2	F_3	F_4	综合得分	排名
北京	3. 979	-0. 703	-0. 920	0. 689	1. 603	1
广东	0. 989	3. 900	0. 387	-0. 924	1. 128	2
上海	2. 263	-0. 519	1. 760	-0. 436	1. 0580	3
天津	1. 229	-0. 711	1. 786	0. 350	0. 617	4
江苏	-0. 311	2. 828	1. 130	0. 647	0. 530	5
湖北	0. 659	-0. 335	-0. 337	0. 554	0. 237	6
陕西	0. 550	-0. 685	-0. 416	0. 391	0. 106	7
浙江	-0. 086	0. 943	-0. 403	0. 170	0. 105	8
安徽	-0. 160	0. 597	-0. 621	0. 938	0. 039	9
山东	-0. 210	0. 509	-0. 012	0. 180	0. 009	10
福建	-0. 319	-0. 297	1. 508	0. 212	-0. 034	11
辽宁	-0. 030	0. 362	-1. 196	0. 196	-0. 051	12

续表

地区	F_1	F_2	F_3	F_4	综合得分	排名
四川	-0. 105	-0. 235	-0. 039	-0. 271	-0. 112	13
吉林	-0. 255	-0. 202	-0. 697	0. 797	-0. 165	14
重庆	-0. 644	-0. 743	2. 076	0. 630	-0. 177	15
海南	0. 011	-0. 026	-0. 854	-1. 474	-0. 182	16
青海	-0. 171	-0. 288	-1. 325	0. 789	-0. 205	17
内蒙古	-0. 078	-0. 668	-0. 530	0. 015	-0. 207	18
黑龙江	-0. 083	-0. 595	0. 092	-1. 110	-0. 211	19
宁夏	-0. 602	0. 096	-0. 324	0. 944	-0. 219	20
贵州	-0. 311	-0. 098	-0. 967	0. 097	-0. 245	21
湖南	-0. 584	-0. 361	-0. 101	0. 541	-0. 300	22
江西	-0. 828	0. 201	-0. 510	1. 193	-0. 302	23
新疆	-0. 402	-0. 008	-1. 063	-0. 367	-0. 310	24
广西	-0. 588	-0. 381	0. 122	-0. 419	-0. 348	25
河南	-1. 142	-0. 484	2. 280	0. 354	-0. 351	26
河北	-0. 690	-0. 127	-0. 409	0. 061	-0. 366	27
甘肃	-0. 486	-0. 563	-0. 341	-0. 218	-0. 367	28
山西	-0. 744	-0. 728	0. 809	-0. 034	-0. 387	29
云南	-0. 621	-0. 278	-0. 847	-0. 243	-0. 427	30
西藏	-0. 221	-0. 397	-0. 034	-4. 259	-0. 461	31

通过以上分析可以看出影响高技术产业发展的主要是第一主成分所含指标，其所占权重为44. 609%。由表3-17可得，北京市高技术产业发展排名第一，这反映出北京市高技术产业的发展势头较好。

3. 3. 4　北京市高精尖产业发展评价

3. 3. 4. 1　产业评价指标体系构建

本节参照上一节的指标选择原则，评价指标方法主要运用SPSS25. 0进行因子分析，得出各产业发展排名。本节主要构建新的评价指标体系并对数据进行实证分析。

首先选取三项指标，分别对2017年北京市制造业各行业的表现情况进行排序，并列举出排序结果前八名的行业。数据来自《北京市统计年鉴 2018》并整理得出。

表 3-18 北京市制造业部分排名

排名	工业总产值	主营业务收入	企业单位个数
1	汽车制造业	汽车制造业	专用设备制造业
2	计算机、通信和其他电子设备制造业	计算机、通信和其他电子设备制造业	计算机、通信和其他电子设备制造业
3	医药制造业	医药制造业	汽车制造业
4	电气机械和器材制造业	电气机械和器材制造业	电气机械和器材制造业
5	石油加工、炼焦和核燃料加工业	专用设备制造业	医药制造业
6	专用设备制造业	石油加工、炼焦和核燃料加工业	非金属矿物制品业
7	通用设备制造业	通用设备制造业	通用设备制造业
8	非金属矿物制品业	食品制造业	金属制品业

由于北京市提出着重发展高精尖产业的时间并不长，尚未成立特定统计机构对其进行具体的数据收集，因此本节着重参考《北京市十大高精尖产业登记指导目录（2018 版）》和《国民经济行业分类》，对高精尖产业所涉及的细分产业进行总结，通过查找《北京市统计年鉴》等或手工整理获取数据。

对于北京市十大高精尖产业，官方初步生成产业登记目录，由于分类详细且相应数据无从查起，因此需要借助文献资料以及相关信息（包括战略性新兴产业的界定）根据指标选取原则来界定。

本节指标体系从四个方面考虑，从规模、投入、产出及创新四个层面分别选取相应指标来构建指标体系。表 3-19 为高精尖产业的发展评价指标体系。

表 3-19 高精尖产业发展评价指标体系

一级指标	二级指标	指标含义
规模	该产业企业数（X_2）	该产业拥有的企业数
	有 R&D 活动的企业数（X_3）	在该产业的企业中有 R&D 活动的企业数
	该产业研发人员数（X_8）	该产业从事研发的人员数

续表

一级指标	二级指标	指标含义
投入	固定资产投资额（X_4）	该产业当年固定资产投资额
	新增固定资产（X_5）	该产业当年实现的新增固定资产额
产出	产业销售产值（X_6）	该产业销售实现的产值
	产业总产值（X_7）	该产业当年实现的总产值
	产业利润总额（X_1）	产业当年实现的利润总额数
创新	该产业新产品产值（X_9）	该产业当年实现的新产品的产值
	新产品销售收入比重（X_{10}）	新产品销售收入与该产业实现的主营业务收入的比值
	自主创新系数（X_{11}）	该产业研发投入与北京市用于所有产业的研发投入之比

3.3.4.2　实证分析

利用SPSS25.0软件进行因子分析，提取公因子，计算各产业的总和得分排名，以此分析北京市高精尖产业的发展情况。

（1）KMO和巴特利特球形检验

运用统计软件进行KMO和巴特利特检验，结果参见表3-20。由表中结果可知，KMO值为0.527，根据KMO度量标准，数值大于0.5，偏相关性弱，原始数据适合进行因子分析；巴特利特球形检验的显著性小于0.001，适合做因子分析。

表3-20　KMO和巴特利特球形检验结果

KMO取样适切性量数		0.527
巴特利特球形检验	近似卡方	247.568
	自由度	55
	显著性	0.000

（2）总方差解释

在对数据进行处理之后，得到总方差解释表，结果如表3-21所示。累计方差贡献率达到89.381%，此数据能够解释评价指标信息。

表 3-21 总方差解释

成分	初始特征值			提取载荷平方和			旋转载荷平方和		
	总计	方差百分比	累计方差贡献率	总计	方差百分比	累计方差贡献率	总计	方差百分比	累计方差贡献率
1	6.837	62.155	62.155	6.837	62.155	62.155	4.643	42.214	42.214
2	1.965	17.861	80.016	1.965	17.861	80.016	4.064	36.944	79.158
3	1.030	9.366	89.381	1.030	9.366	89.381	1.125	10.224	89.381
4	0.657	5.977	95.358						
5	0.243	2.212	97.569						
6	0.161	1.468	99.037						
7	0.084	0.762	99.799						
8	0.018	0.164	99.963						
9	0.003	0.025	99.987						
10	0.001	0.012	99.999						
11	0.000	0.001	100.000						

注：提取方法为主成分分析法。

(3) 旋转后的成分矩阵

旋转后的成分矩阵参见表 3-22。公共因子 F_1 在自主创新系数、产业研发人员数、有 R&D 活动的企业数、产业企业数和产业总产值上具有较大载荷。公共因子 F_2 在新增固定资产、固定资产投资额、产业利润总额和产业新产品产值方面具有较大载荷。公共因子 F_3 在产业销售产值和新产品销售收入比重上有较大载荷。

表 3-22 旋转后的成分矩阵

指标	F_1	F_2	F_3
该产业企业数	0.782	0.486	0.115
有 R&D 活动的企业数	0.914	0.237	0.084
该产业研发人员数	0.953	0.150	0.048
固定资产投资额	0.263	0.929	0.192
新增固定资产	0.069	0.967	0.072
产业销售产值	0.333	0.385	0.799

续表

指标	F_1	F_2	F_3
产业总产值	0.691	0.653	-0.101
产业利润总额	0.173	0.910	-0.025
该产业新产品产值	0.602	0.652	0.276
新产品销售收入比重	0.561	0.351	-0.575
自主创新系数	0.959	0.022	0.060

（4）计算各行业公共因子得分

通过表 3-23，能够得出主因子得分的表达式，具体如下：

$$F_1=-0.111X_1+0.153X_2+0.239X_3\cdots+0.292X_{11}$$

$$F_2=0.306X_1+0.024X_2-0.088X_3\cdots-0.172X_{11}$$

$$F_3=-0.131X_1+0.042X_2+0.039X_3\cdots+0.041X_{11}$$

由总方差解释表能够看出三个主因子的贡献率分别为 62.155%、17.861%和 9.366%，因而高精尖产业发展综合得分 F 公式如下：

$$F=62.155\%F_1+17.861\%F_2+9.366\%F_3$$

表 3-23　因子得分系数矩阵

指标	F_1	F_2	F_3
该产业企业数	0.153	0.024	0.042
有 R&D 活动的企业数	0.239	-0.088	0.039
该产业研发人员数	0.268	-0.123	0.015
固定资产投资额	-0.089	0.272	0.072
新增固定资产	-0.155	0.335	-0.044
产业销售产值	0.022	-0.011	0.708
产业总产值	0.097	0.127	-0.181
产业利润总额	-0.111	0.306	-0.131
该产业新产品产值	0.065	0.099	0.178
新产品销售收入比重	0.119	0.094	-0.594
自主创新系数	0.292	-0.172	0.041

利用 SPSS25.0 软件计算北京市相关高精尖产业综合得分及排名，结果如

表 3-24 所示。由结果可以看出，科学研究和技术服务业排名第一，北京市在 2017 年在科技研究方面投入较多，且更加注重科研。位于第二的是信息传输、软件和信息技术服务业，排名第三的是软件和信息技术服务业。这反映出软件和信息技术服务业在近几年发展迅速，整体发展态势良好，且北京市高校众多，人才济济，资源优势明显，在软件技术及信息技术上有较大优势。排名第四的是新材料产业，新材料产业是转变工业发展方式的基础，有助于高新技术产业的发展。新材料产业作为北京市重点发展的高精尖产业之一，综合发展实力及发展水平位于前列。计算机、通信和其他电子设备制造业排名第五，表明北京市对计算机通信发展的重视。汽车制造业、电气机械和器材制造业、专用设备制造业、医药制造业和通用设备制造业排名中等。一方面，反映出医药制造业的发展并未达到理想程度；另一方面，北京作为首都，应当引用先进资源设备，在推动医药制造业发展的过程中发挥引领作用。废弃资源综合利用业排名最后，其发展数据远远小于平均数据，因此应当加大节能环保行业的重视程度和投入力度。

表 3-24　高精尖产业综合得分及排名

产业	F_1	F_2	F_3	综合得分	排名
科学研究和技术服务业	3.191	-0.732	0.204	1.872	1
信息传输、软件和信息技术服务业	0.156	3.166	-0.471	0.618	2
软件和信息技术服务业	0.590	0.507	-0.067	0.451	3
新材料产业	0.211	-0.328	1.251	0.1902	4
计算机、通信和其他电子设备制造业	0.100	0.639	0.038	0.180	5
汽车制造业	-0.674	0.194	2.737	-0.128	6
电气机械和器材制造业	-0.192	-0.299	-1.031	-0.269	7
专用设备制造业	-0.271	-0.383	-0.387	-0.273	8
医药制造业	-0.548	-0.222	0.313	-0.351	9
通用设备制造业	-0.351	-0.429	-0.667	-0.357	10
仪器仪表制造业	-0.339	-0.455	-0.996	-0.385	11
铁路、船舶、航空航天和其他运输设备制造业	-0.382	-0.445	-0.957	-0.406	12
化学原料与化学制品制造业	-0.635	-0.528	-0.018	-0.491	13
废弃资源综合利用业	-0.855	-0.682	0.051	-0.648	14

3.4 研究结论

目前虽然关于产业的研究较多，但是与高精尖产业有关的研究相对较少。从研究角度上来看，研究者更多是从宏观层面分析产业的发展，在微观层面的研究相对贫乏。通过对北京市高精尖产业发展评价分析发现，北京市需要继续大力发展科技，积极发展高精尖产业，不断培育新的经济增长点，带动产业整体优化与升级。要鼓励自主创新，大力引进具有核心竞争力的高新技术企业。积极引进和吸收高新技术的成果，加速高新技术的转化，推进专利技术产业化。鼓励“大众创业、万众创新”。在现代网络发达的时代，实体经济的发展更加需要重视，要加快用高新技术改造传统产业的速度，促进传统产业的优化升级，提升传统产业竞争力，完成二者更好地结合，带动整体经济发展。

在高精尖产业发展评价上，通过梳理已有文献发现，近年来大多数学者从宏观角度研究高精尖产业的发展，本研究则补充了相关领域的研究，但不可否认仍然存在局限性。这一局限性主要体现在数据获取方面，这是由于高精尖产业概念提出的时间相对较短，且其细分行业尚无准确的界定，相关产业缺乏详细数据统计所导致的。

参考文献

[1] 武凌君．北京产业结构 60 多年的大变迁［J］．北京党史，2014（04）：43-45.

[2] 郝亮．天津市高技术产业竞争力评价与对策研究［D］．天津：天津财经大学，2014.

[3] 杨正一，张杰．北京市“高精尖”产业集聚水平及效应研究［J］．经营与管理，2019（01）：78-82.

[4] 张杰．首都高精尖产业体系与减量发展［J］．北京工商大学学报（社会科学版），2018，33（06）：1-9.

[5] 贾晓俊．北京“高精尖”产业亟需财税政策支持［J］．人民论坛，2018（16）：120-121.

[6] 何谨．改革用地方式支持高精尖产业发展［J］．科技智囊，2018（03）：36-41.

[7] 卜文娟．北京：以科技创新引领高精尖产业发展［J］．中国战略新兴产业，2018（09）：32-33.

[8] 叶弈．北京构建十大高精尖产业［J］．科技智囊，2018（02）：34-37.

[9] 王玉海，田建国，聂梅，等．北京市构建“高精尖”经济结构的提出背景、作用定位及其内涵界定研究［J］．领导之友，2017（23）：53-61.

[10] 王鹏．基于投入产出的福建省高新技术产业实证分析［D］．福州：福州大学，2016.

[11] 潘新胜，祝珺．北京“高精尖”经济结构建设探讨：以专利制度为视角［J］．北京政法职业学院学报，2015（03）：33-38.

[12] 姚俊鲜．山西省高新技术企业自主创新能力研究［D］．太原：太原理工大学，2016.

[13] 杨宏呈．基于突破性创新视角的战略性新兴产业发展研究［D］．武汉：华中科技大学，2013.

[14] 骆付婷．“要素-结构-功能”视角的军民融合创新示范区建设模式［J］．中国军转民，2018，216（04）：31-34.

[15] 林阳阳．中国生产性服务业集聚与制造业转型升级互动效应的检验与仿真研究［D］．杭州：浙江财经大学．

[16] 徐占忱．以自主创新促进战略性新兴产业发展［C］// 中国国际经济交流中心．中国经济分析与展望（2012—2013）．北京：社会科学文献出版社，2013：129-137.

[17] 卢明华，李国平，孙铁山．东京大都市圈内各核心城市的职能分工及启示研究［J］．地理科学，2003，23（02）：150-156.

[18] 丁露．战略性新兴产业上市公司资本结构对融资效率的影响研究［D］．长沙：湖南大学，2015.

[19] 陈航，栾维新，王跃伟．首都圈内城市职能的分工与整合研究［J］．中国人口资源与环境，2005，15（05）．

[20] 何小三．资本市场促进战略新兴产业成长研究［D］．北京：中国社会科学院研究生院，2013.

[21] 张洁．河北省战略性新兴产业的科技政策研究［D］．石家庄：河北工业大学，2013.

[22] 李婷婷．风险投资集聚对高新技术产业创新的影响研究［D］．上海：上海师范大学．

[23] 张桢．四川高新技术产业发展中的风险投资研究［D］．成都：四川农业大学，2012.

[24] 许进强．基于在孵企业需求的孵化器创业服务体系绩效评价研究

［D］．广州：暨南大学，2011.

［25］杨建仁．区域科技竞争力理论及其在中部六省会城市的实证研究［D］．南昌：南昌大学，2011.

［26］师奇．我国高科技产业区域分布影响因素分析［D］．杭州：浙江大学，2015.

［27］邹燕．研发支出资本化对企业技术创新影响的实证研究［D］．兰州：兰州大学，2010.

［28］于江鹏．知识溢出对高技术集群企业研发产出的影响机制研究［D］．太原：太原科技大学，2011.

［29］田新民，胡颖．以供给侧结构性改革推进“高精尖”产业结构的构建：以北京市为例［J］．经济与管理研究，2016，37（08）：32-42.

［30］丁雪．立足行业　持续创新　对标北京“高精尖”：访北京矿冶科技集团有限公司副总经理于月光［J］．新材料产业，2018（03）：34-35.

［31］唐建国．北京加快发展高精尖产业的路径机制研究［J］．前线，2016（12）：97-99.

［32］王宝林，梁金平．促进高校大学生回流河北的对策：京津冀协同发展视域下［J］．承德石油高等专科学校学报，2017，19（06）：80-83.

［33］张倩．集成电路产业现状分析［J］．科技中国，2018（02）：73-77.

［34］许泽玮．不断壮大高精尖产业　持续改善营商环境［J］．北京人大，2019（02）：64.

［35］中关村门头沟科技园管理委员会，首都科技发展战略研究院联合课题组．“高精尖”产业服务体系：环境面、产业线、精准点：以中关村门头沟科技园为例［J］．中国发展观察，2019（02）：15，44-46.

［36］舒年．需要革新的产业不局限于“高精尖”［N］．工人日报，2018-12-28（006）．

［37］文慧生．北京文创产业打造“高精尖”结构体系［J］．科技智囊，2018（11）：78-81.

［38］段艳文．科技期刊要“高精尖”也要普及化［N］．中国新闻出版广电报，2018-10-16（005）．

［39］佚名．中国科研环境吸引世界高精尖人才［J］．时代金融，2018（25）：60.

［40］冯江全．稳步实践　实现高精尖转型发展［N］．中华合作时报，2018-09-04（A06）．

［41］李超，许有志．支持北京市高精尖产业设计中心和特色基地建设的政策措施建议［J］．智库时代，2018（34）：226，288.

［42］邓中翰．着眼前沿　引领高精尖产业发展［N］．联合时报，2018-06-08（004）．

［43］中关村科技园区海淀园管委会课题组．加快构建高精尖经济结构的海淀实践［J］．中国科技产业，2018（04）：64-66.

［44］晓宇．发改委调研城市新旧动能转换 各地发展瞄准高精尖［J］．经济研究参考，2018（12）：41，44.

［45］佚名．北京试点改革：高精尖企业将获灵活用地方式［J］．城市住宅，2018，25（01）：93.

［46］佚名．北京：十大高精尖产业指导意见发布［J］．军民两用技术与产品，2018（01）：8.

［47］许强，丁帅，安景文．中关村示范区“高精尖”产业出口竞争力研究：基于出口技术复杂度［J］．现代管理科学，2017（09）：27-29.

［48］佚名．48.7%，软件业引领北京高精尖产业发展［J］．领导决策信息，2017（30）：27.

［49］夏沁芳．推动工业向“高精尖”迈进［N］．北京日报，2017-07-13（011）．

［50］刁琳琳．产业加减法要盯着“高精尖”来做［N］．北京日报，2017-02-17（003）．

［51］李柏峰．新常态下北京构建“高精尖”经济结构的对策建议［J］．北京经济管理职业学院学报，2016，31（04）：22-25，31.

［52］徐恒．信息技术是高精尖经济结构的引擎［N］．中国电子报，2016-10-28（002）．

［53］董斌．20世纪60年代北京发展“高精尖”工业的历史与启示［J］．当代中国史研究，2016，23（05）：62-70，126.

［54］周兵化．从税收看北京“高精尖”经济发展［N］．中国税务报，2016-08-22（B01）．

［55］王文杰．开启首都发展新征程［N］．中国信息报，2016-08-12（004）．

［56］孟景伟．构建高精尖经济结构路径研究［N］．北京日报，2015-07-15（006）．

［57］陈珊．科技金融对我国高技术产业区域创新效率影响分析［J］．经济问题探索，2019（03）：166-172.

4　北京市高精尖产业区域布局①

4.1　引言

2018 年 1 月 12 日，北京市发布了《北京市人民政府关于加快科技创新构建高精尖经济结构用地政策的意见》（以下简称《意见》），《意见》中提出了高精尖产业在北京市各区域发展的战略布局。北京市各地区高技术产业集聚水平以及人才分布状况存在显著差异。那么，北京市各区域高精尖产业发展的基础是怎样的？高精尖产业对各个区域的发展产生了怎样的影响？

本章以北京市为研究对象，统计分析北京市的基础建设情况，系统梳理北京市科创企业在各区的分布状况；对“三城一区”展开重点讨论，即中关村科学城、怀柔科学城、未来科学城和北京市经济技术开发区在产业发展中不同的功能定位；此外，对高精尖产业区域分布为地区经济发展和科技创新方面带来的效益做出评价。

4.2　区域布局

GDP 是衡量地区经济能力的总量指标，GDP 与产业结构的关系类似于经济增长与产业结构的关系。表 4-1 为北京市区域规划统计数据。从表 4-1 中可以发现，2008 年至 2017 年期间，北京市区域规划在数量上没有明显变动，在乡镇级行政区划和街道办事处的设置数量上各自增加了 12 个，其余区域级别数量一般为增加或减少 2 个。

图 4-1 为北京市 2009 年至 2018 年 GDP 增长情况。北京市在这十年期间保持稳定上升的趋势，2018 年相较于 2009 年，GDP 共增长了 1.44 倍，这反映北京市经济实力雄厚且成长性强。

---

① 本章作者：董欣欣，首都经济贸易大学硕士研究生，主要研究领域为电商与供应链管理。

表 4-1　北京市区域规划

年份	县级行政区划数	市辖区个数	县个数	乡镇级行政区划数	镇个数	乡个数	街道办事处个数
2008	18	16	2	317	142	40	135
2009	18	16	2	322	142	40	140
2010	16	14	2	322	142	40	140
2011	16	14	2	322	144	38	140
2012	16	14	2	325	144	38	143
2013	16	14	2	325	144	38	143
2014	16	14	2	329	144	38	147
2015	16	16	0	331	143	38	150
2016	16	16	0	331	143	38	150
2017	16	16	0	331	143	38	150

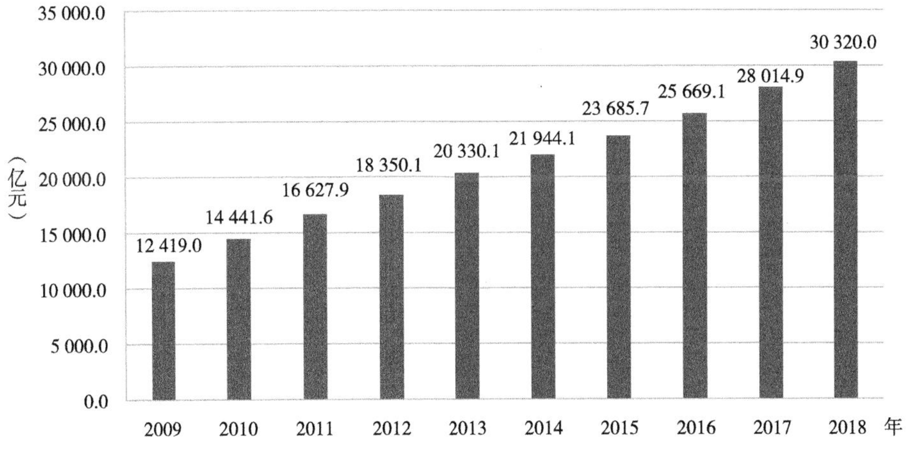

图 4-1　2009—2018 年北京市 GDP 增长趋势

资料来源：国家统计局。

北京市科委公布的科创企业清单中共有 19 111 家企业，表 4-2 列示了北京市科创企业在 16 个区的数量及排名。

表 4-2　北京市各区科创企业分布

园区	企业数量（家）	排名
海淀区	8 430	1
朝阳区	3 048	2
大兴区	1 193	3
丰台区	1 093	4
昌平区	1 057	5
西城区	932	6
东城区	718	7
石景山区	635	8
通州区	610	9
顺义区	446	10
房山区	261	11
怀柔区	195	12
密云区	185	13
门头沟区	141	14
平谷区	118	15
延庆区	49	16

图 4-2 是各区科创企业的占比，其中海淀区企业占比最大，为 44. 1%，延庆区企业占比最小，为 0. 3%。

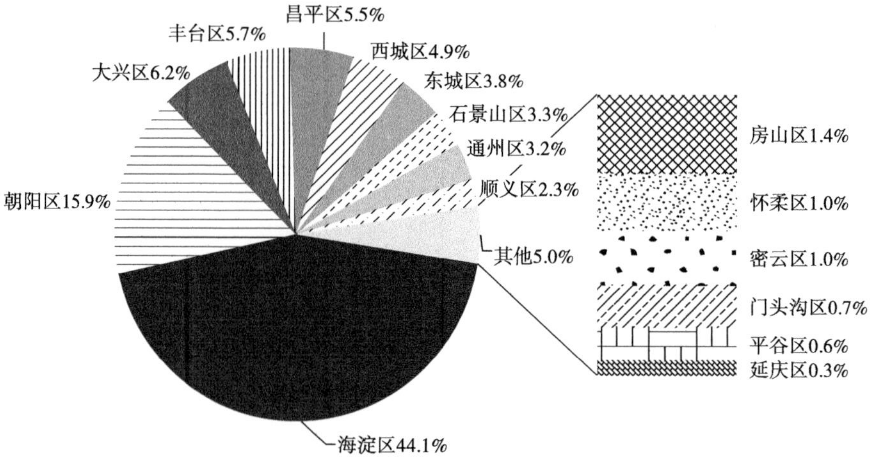

图 4-2　北京市各区企业数量占比

图 4-3 为 2017 年北京市各区域常住人口统计图。朝阳区常住人口数量最多，约有 373.9 万人；其次是海淀区，人数是 348 万人；北京市常住人口超过 200 万人的区域共有 2 个，分别是丰台区和昌平区；常住人口超过 100 万人的区域有 5 个，人数由多到少依次是大兴区、通州区、西城区、房山区和顺义区。

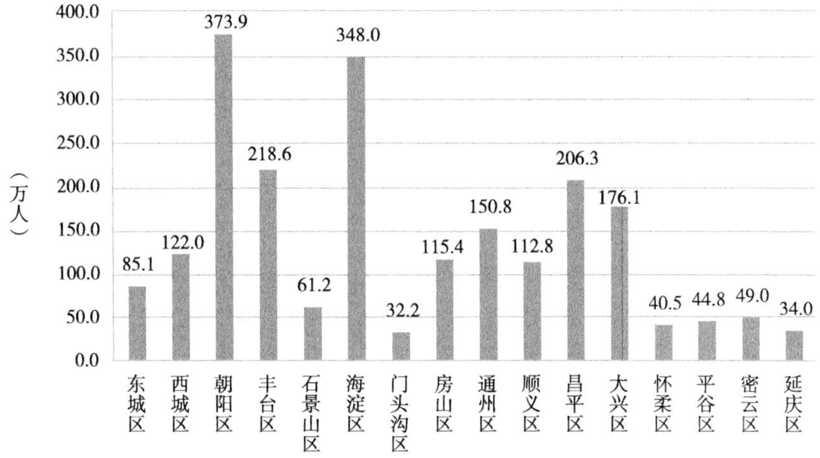

图 4-3 2017 年北京市各区域常住人口统计

图 4-4 为 2017 年北京市各区域外来人口统计图。结果表明，北京市朝阳区和海淀区外来人口最为集中。

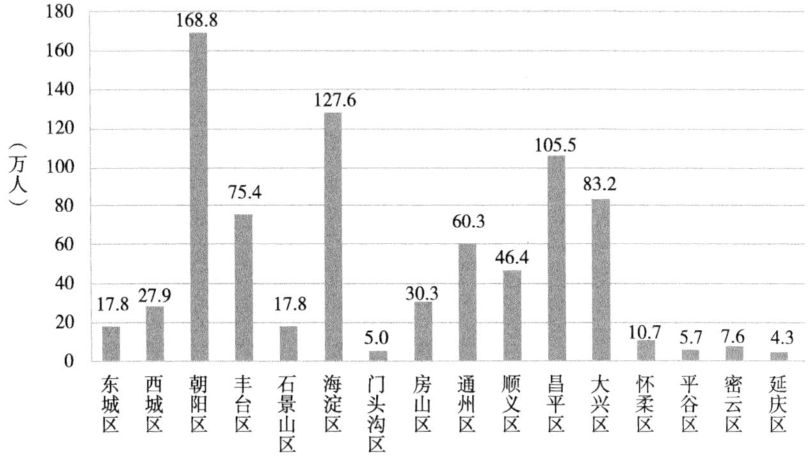

图 4-4 2017 年北京市各区域外来人口统计

综合科创企业分布数量排名状况、各区域常住人口情况、各区域外来人口情况，海淀区和朝阳区占据榜单前两名，这侧面反映其人才集聚的特点。

4.3　三城一区

“三城一区”是北京加强全国科技创新中心建设的主平台，为高精尖产业发展提供支撑载体。2016 年 9 月国务院发布《北京加强全国科技创新中心建设总体方案》，提出“统筹规划建设中关村科学城、怀柔科学城和未来科技城”。2018 年制定出“三城一区”的发展规划，促使北京经济技术开发区与三大科学城开展深入合作。该规划为“三城一区”确立了不同的职能分工，将“三城”划分为原始创新的诞生地，而“一区”是科技成果承接基地（表 4-3）。“三城一区”发展规划的实施在推进北京市高精尖产业发展过程中取得了显著成效，步入了加速发展阶段，促进了所在地区的经济发展，具体从以下三个方面详细阐释。

表 4-3　三城一区基本概况

名称	地理位置	高精尖产业	功能定位
中关村科学城	海淀区	新一代信息技术、节能环保、航空航天、生物、新材料、新能源、新能源汽车、高端装备制造	诺奖级原创成果
怀柔科学城	怀柔区 密云区	科技服务业、新材料、生命健康、智能信息与精密仪器、太空与地球探测、节能环保	原始创新承载区
未来科学城	昌平区	新能源、先进制造、医药健康	技术创新高地
北京经济技术开发区	大兴区	高端汽车、新一代信息技术、生物医药、机器人与智能制造	千亿级产业集群

首先，科技型企业数量方面。根据北京市市场监管局统计，截至 2018 年 12 月 31 日，“三城一区”科技型企业有 21.16 万家，占实有企业的 45.5%；2018 年新登记科技型企业有 2.87 万家，占新登记企业总数的 51.6%。从新增企业分布区域上看，中关村科学城 2018 年新增 3.02 万家企业，为“三城一区”新登记企业总数的 54.4%，是新增企业数量最多的区域；怀柔科学城新增 1.13 万家企业，占比是 20.4%；未来科学城新增 9 714 家企业，占比是 17.5%；北京经济技术开发区新增 4 306 家企业，占比是 7.8%。

其次，地区生产总值方面。2016 年至 2018 年，“三城一区”所属区域的地区生产总值持续增加，占北京市地区生产总值的比例超过 31%，其中海淀区地区生产总值占“三城一区”所属区域的地区生产总值的比例一直稳定在 74.3% 以上。截至 2018 年，“三城一区”所属区域的地区生产总值达到 8 691.4 亿元，占北京市地区生产总值的 31.45%（图 4-5）。

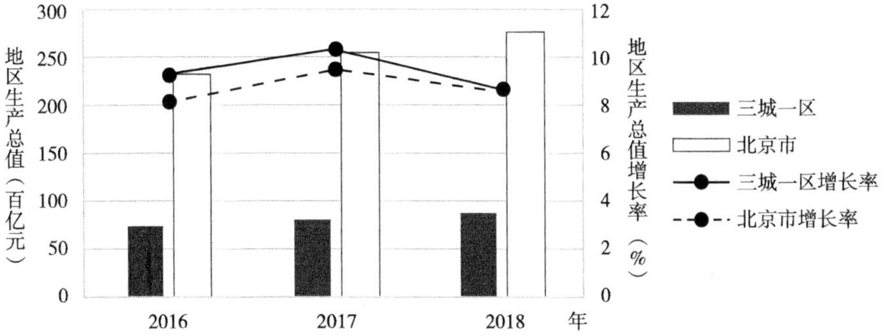

图 4-5　2016—2018 年北京市和“三城一区”地区生产总值及增长率

资料来源：根据北京区域统计年鉴绘制。

在地区生产总值增长率上，“三城一区”和北京市地区生产总值增长率变化趋势一致，均是先上升后下降。“三城一区”所属地区生产总值增长率始终高于北京市，不过二者增长率之间的差额有逐步缩小的走向。这表明了“三城一区”战略规划为所在地区做出的经济贡献，中关村科学城是主要的贡献力量，还需要在进一步完善怀柔科学城、未来科学城和北京经济技术开发区投入建设的同时，加快投入转化为产出的速度。

最后，科技成果方面。2016 年至 2018 年“三城一区”所属区域专利授权量连年上升，2018 年已突破 5 万件，达到 51 521 件，占北京市专利授权量比例在 54%左右（图 4-6）。2017 年和 2018 年“三城一区”专利授权量增长率分别为 11.03%、8.70%，稍高于北京市 10.84%、8.57%的增长率。“三城一区”的科技成果具有高质量的特征。在 2017 年“三城一区”获得北京科学技术奖的成果数量为 129 项，占比达到 66.15%。并且，“三城一区”科技成果转化效果显著，2016 年至 2019 年间共促成 340 项以上科技成果落地。此外，三大科学城在聚焦高精尖产业建设过程中取得了不同的阶段性成果。

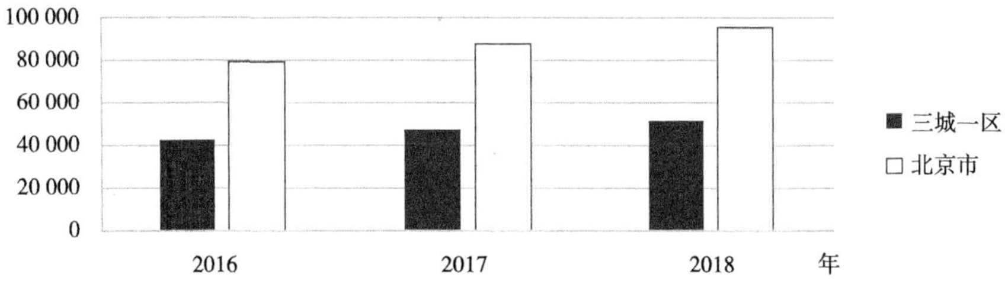

图 4-6　2016—2018 年北京市和“三城一区”专利数量

资料来源：根据北京区域统计年鉴绘制。

中关村科学城是中关村国家自主创新示范区核心区的核心，被誉为“中国硅谷”。一方面，中关村科学城促进了海淀区的经济发展。2019 年海淀区地区生产总值突破 7 000 亿元，位于北京市首位；海淀科技园区高新技术企业实现 2.6 万亿元以上总收入，其中 2018 年已经拥有一万家以上国家级高新技术企业。另一方面，中关村科学城科技创新成果卓著。中关村科学城官网公布，中关村科学城连续两年荣获国家奖科研项目数量达到 50 项以上，占全国获奖比例 25%。并且，2017 年占北京市获奖数量的 66.7%，2018 年这一比例上升至 85.5%。

2019 年海淀科技园区企业专利申请数 23 922 件，同比增长 26.6%，占中关村科学城总比重为 50.6%；企业专利授权数 12 352 件，同比增长 16.5%，占中关村科学城比重为 44.9%。此外，在高精尖产业发展方面，中关村科学城成为全国人工智能发展源头，全国近 20%的人工智能企业聚集在海淀区，人工智能和智能网联汽车产业取得进展。

怀柔科学城承担的主要三大建设项目均按照计划实施。根据怀柔科学城管理委员会官网报道，2019 年五大国家大科学装置已经全部开工建设，其中综合极端条件实验装置项目和地球系统数值模拟装置项目主体结构已经建设完成，土建工程进度分别为 85.5%和 55%。五大交叉研究平台土建工程均已竣工，进入科研设备安装阶段。两大国家制造业创新中心进展顺利，国家动力电池创新中心的四大平台处于建设过程中，国家轻量化材料成形技术及装备创新中心已经有两家企业注册并投入使用中试车间。上述建设工程项目为十大高精尖产业发展提供了技术创新科研平台。

然而，在经济效益方面，怀柔科学城在 2018 年表现出明显下降趋势（表 4-4）。截至 2018 年 11 月 30 日，怀柔科学城共有 297 家规模以上单位，营业收入为 500.3 亿元，较上年同期下降 7.44%；利润总额 13.9 亿元，较上年同期下跌 51.1%。其中，怀柔区营业收入较上年同期提高 1.75%，利润总额为 27.5 亿元；而密云区营业收入下降 28.8%，利润总额为-13.6 亿元。这表明，相较于怀柔区，密云区需要尽快提高投入产出速度，将创新产出转化为经济成果，实现经济利益的正向增长。

表 4-4　怀柔科学城 2018 年 1—11 月经济状况

	企业数量	营业收入（亿元）	营业收入增长率（%）	利润总额（亿元）	利润总额增长率（%）
怀柔区	261	384.5	1.75	27.5	1.1
密云区	36	115.8	-28.8	-13.6	—
总计	297	500.3	-7.44	13.9	-51.1

资料来源：根据怀柔科学城管理委员会官网整理。

未来科学城在经济效益和关键技术攻克方面取得成果。在经济效益方面，未来科学城于2017年在昌平区建成了高端装备制造、生物医药、能源科技、新一代信息技术、科技服务业和文化旅游等六大高端产业集群，创造营业收入2 500亿元以上，为昌平区贡献了60%以上的收入。在关键技术攻克方面，90多家隶属于中央企业的科研单位入驻未来科学城，建立国家级和市级研发创新平台40多个，申报重大专项2 030项。2019年未来科学城在项目建设、科研战略协作、创新产出等方面取得了进展，具体如表4-5所示。

表4-5 2019年未来科学城建设成果

成果类型	时间	发展进程
项目建设	2019年1月11日	建成首座充电设备单枪输出功率最大的电动乘用车大功率充电示范站
	2019年3月10日	中国商飞新能源验证机（灵雀H）成功试飞
	2019年10月30日	建立海绵城市实验室试验基地
战略合作	2019年3月	与中国技术交易所达成战略协议
创新产出	2019年6月	获批国家、北京市科学技术进步奖51项；国家能源集团国电新能源技术研究院获得47项科研项目；申请专利量66项，专利授权量19项；入驻央企已建成国家级、市级重点实验室、工程技术中心46个，国家重大专项4项

资料来源：根据未来科学城管理委员会官网整理。

4.4 研究结论

通过对统计数据的分析，能够清晰地看出北京市高精尖企业在各区域的分布数量，在一定程度上衡量了高精尖产业在北京市各个区域的发展程度。其中，海淀区和朝阳区的科创企业数量分别位居第一、第二。“三城一区”作为北京加强全国科技创新中心建设主平台，明确了各自的功能定位，为北京市地区生产总值和科技创新成果做出了贡献。

高精尖产业发展规模逐步扩大、发展速度日益加快，高技术产业和战略性新兴产业为高精尖产业的发展创造了坚实的基础。同时，要发展高精尖产业，既需要高质量投资，还要进行合理的资源配置，充分发挥资源价值。从整体来看，北京市高精尖产业的发展并不成熟，政府应当进一步制定相应政策，促进高精尖产业发展，完善技术创新体系。加强引进高精尖人才的力度，支持企业人才队伍建设，促进高精尖产业又好又快地发展。

参考文献

［1］佚名．北京生产性服务业发展瞄准高精尖［J］．领导决策信息，2016（32）：15.

［2］何佳艳．北京构建“高精尖”经济结构［J］．投资北京，2016（08）：34-36.

［3］于芳妮．总部经济高峰论坛：打造高精尖之都［J］．经济，2016（17）：82-83.

［4］孙奇茹，曹政．创新引领，打造“高精尖”经济结构［J］．科技智囊，2016（06）：41-44.

［5］张一平．抢占高精尖、引领新业态、驱动新经济［N］．北京日报，2016-05-25（001）.

［6］陈骏．培养“高精尖缺”人才　支撑创新发展［N］．光明日报，2016-03-08（006）.

［7］张伯旭．推动“在北京制造”向“由北京创造”转变［J］．中国经贸导刊，2016（06）：36-37.

［8］董晨阳，强音．培养“高精尖”人才　助力中国制造 202［J］．职业，2016（02）：8.

［9］袁云儿．高精尖产业将引领北京创造［J］．科技智囊，2016（01）：36-37.

［10］李焱．朝阳疏解为“高精尖”让路［J］．投资北京，2016（01）：63-65.

［11］胡宇齐．让高精尖支撑“北京创造”［N］．北京日报，2015-11-13（003）.

［12］徐恒．智能制造支撑高精尖产业［N］．中国电子报，2015-11-03（002）.

［13］潘新胜，祝珺．北京“高精尖”经济结构建设探讨：以专利制度为视角［J］．北京政法职业学院学报，2015（03）：33-38.

［14］卢彦．疏解非首都功能　构建“高精尖”产业［J］．中国经贸导刊，2015（25）：28-29.

［15］陈红霞．超前研发高精尖项目中国集成电路“国家队”的重任［J］．集成电路应用，2015（09）：6-7.

［16］舞姿．高精尖企业的生存之道［N］．中国航天报，2015-07-23

(003).

[17] 孟景伟. 构建高精尖经济结构路径研究 [N]. 北京日报, 2015-07-15 (006).

[18] 佚名. "十三五" 时期印刷行业向 "高精尖" 升级 [J]. 网印工业, 2015 (06): 1.

[19] 孙郁瑶. 打造核心竞争力　中国制造更爱高精尖 [N]. 中国工业报, 2015-05-26 (A01).

[20] 赖晓南, 李春玲. 科技服务业支撑中关村构建 "高精尖" 经济结构的路径 [J]. 高科技与产业化, 2015 (05): 99-101.

[21] 北京市统计局, 国家统计局北京调查总队. 六大高端产业功能区瞄准 "高精尖" [N]. 中国信息报, 2015-03-05 (005).

[22] 孟景伟. 加快建设中关村国家自主创新示范区核心区　着力打造首都 "高精尖" 经济结构先导区 [J]. 中国科技产业, 2015 (02): 16-19.

[23] 申建军, 王金波. 全面创新与 "高精尖" 升级: 北京建设国家科技创新中心的必由之路 [J]. 北京观察, 2015 (01): 14-17.

[24] 隋国勇. "高精尖" 企业成北京亦庄增长主引擎 [N]. 科技日报, 2014-10-30 (008).

[25] 佚名. 发展需转向 "高精尖" [J]. 纺织服装周刊, 2014 (39): 25.

[26] 佚名. 北京城市定位高精尖　土地资源将优先解决交通等问题 [J]. 城市规划通讯, 2014 (10): 9.

[27] 王钊, 王良虎. 税收优惠政策对高技术产业创新效率的影响: 基于断点回归分析 [J]. 科技进步与对策, 2019 (11): 1-7.

5 北京市高精尖产业园区建设[①]

园区建设为北京市十大高精尖产业提供了技术创新平台，也促进了当地区域经济发展。根据北京市科学技术委员会统计数据显示，2019 年北京市高新技术企业共有 2.75 万家，同比增长 10%；技术合同成交额近 5 700 亿元，同比增长 15%。高精尖产业园区的战略布局为北京市取得卓越成就提供了重要力量。

北京市高精尖产业园区布局战略规划主要包括国家级经济开发区、三城一区和六大高端产业功能区。其中，中关村国家自主创新示范区归属于国家级经济开发区和六大高端产业功能区的战略规划，北京经济技术开发区贯穿于国家级经济开发区、三城一区和六大高端产业功能区这三大战略规划之中，两者是发展北京市高精尖产业的两大重要园区。

本章将首先对高精尖产业在中关村国家自主创新示范区和北京经济技术开发区的建设进展分别进行重点介绍，接着再按照不同的战略规划对各个园区展开分析。表 5-1 列示了北京市高精尖产业园区建设规划及园区名称。

表 5-1 北京市高精尖产业园区建设规划及园区名称

建设规划	园区名称
国家级经济开发区	中关村国家自主创新示范区 北京经济技术开发区 北京天竺综合保税区
三城一区	中关村科学城 怀柔科学城 未来科学城 北京经济技术开发区

① 本章作者：王思雨，首都经济贸易大学博士研究生，主要研究领域为财务管理、公司治理。

续表

建设规划	园区名称
六大高端产业功能区	中关村国家自主创新示范区 金融街 北京商务中心区 北京经济技术开发区 临空经济区 奥林匹克中心区

5.1 中关村国家自主创新示范区

中关村国家自主创新示范区是北京市重点发展的园区之一。中关村国家自主创新示范区建立于 1983 年 1 月，最初为“电子一条街”，其发展历程可以归纳为“三大发展时期，四种发展格局”。“三大发展时期”是指 1988 年 5 月至 1999 年 6 月的北京市新技术产业开发试验区时期、1999 年 6 月至 2009 年 3 月的中关村科技园区时期，以及 2009 年 3 月至今的中关村国家自主创新示范区时期；“四种发展格局”包括电子一条街、一区五园、一区十园和一区十六园（图 5-1）。

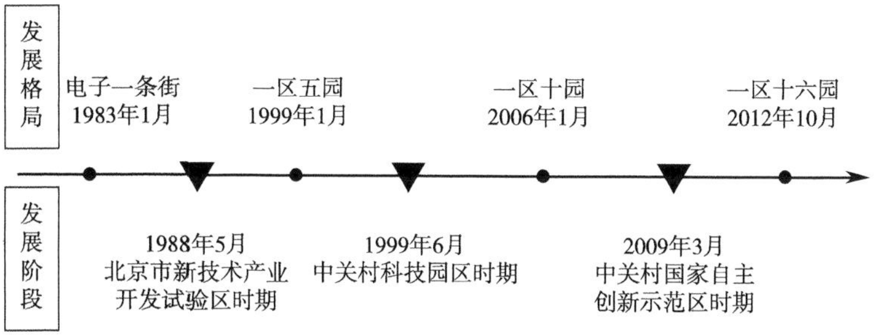

图 5-1 中关村国家自主创新示范区发展历程

资料来源：根据中关村国家自主创新示范区官网整理。

在这一区十六园中，海淀园占地面积最大，已达到 17 406 公顷，并且入园企业数量最多，接近 13 000 家，是入园企业数量第二位的昌平园的 3.8 倍。此外，海淀园还是唯一一个占地面积和入园企业数量均突破 10 000 的园区。

关于其他园区的建设状况，首先是各园区之间占地面积差异大。有 5 个园区占地面积不到 1 000 公顷，其中面积为 189 公顷的门头沟园占地面积最小；有 8 个园区占地面积在 1 000 公顷到 5 000 公顷之间，有 2 个园区占地面积高于 5 000 公顷且不超过 10 000 公顷。

其次，入园企业数量也具有明显区别。截至 2019 年 12 月，除了海淀园以外，超过 1 000 家企业的园区有 4 个，拥有 500 家至 1 000 家企业的园区有 2 个，低于 500 家企业的园区有 9 个。入园企业数量最少的是平谷园，共有 150 家企业入驻该园区。此外，中关村国家自主创新示范区所涉足的高精尖产业种类多样，同时发展至少两种高精尖产业类型的园区比例为 75%。如表 5-2 所示。

表 5-2　中关村国家自主创新示范区“一区十六园”基本概况

名称	成立时间	占地面积（公顷）	主要高精尖产业	企业数量（家）
海淀园	2012 年	17 406	信息技术	12 331
顺义园	2012 年	1 208	新一代信息技术、医药健康、节能环保、集成电路、新材料、新能源汽车、高端装备与通用航空、研发服务、信息服务	447
大兴-亦庄园	2012 年	9 827	医药健康	1 428
房山园	2012 年	1 573	生物医药	341
东城园	2012 年	603	文化创意、金融服务	490
门头沟园	2012 年	189	数控装备、生物医药、高端制造	238
平谷园	2012 年	508	电子信息、新能源、现代制造	150
怀柔园	2012 年	711	新材料、科技服务、新一代信息技术	197
密云园	2012 年	1001	汽车及零部件、新型建材、电子信息、生物医药	155
延庆园	2012 年	491	新能源、智能电网、生物智能、节能环保、生物医药	253
通州园	2006 年	3436	集成电路	417
石景山园	2006 年	1334	高新技术、科技服务	837
西城园	2001 年	1000	电子信息、生物医药、新材料、先进制造	835
朝阳园	1999 年	2 610	电子信息、生物医药、科技服务	1 772
昌平园	1991 年	5 141	能源科技、生物医药、先进制造、新材料、电子信息	3 101
丰台园	1991 年	1 763	软件、生物医药、新材料、新能源、节能环保	1 900

资料来源：根据中关村国家自主创新示范区官网整理。

中关村自主创新示范区主要发展六大高精尖产业：电子信息、生物医药、新材料、先进制造、新能源与节能、环保产业。十六个子园区发展高精尖产业的侧重点各不相同。海淀园是高精尖产业发展的重要园区，企业数量居于首位，其次是昌平园、丰台园和朝阳园。在高精尖产业方面，电子信息产业是各个园区重点发展的产业，共有 16 220 家企业；其次是先进制造产业，共有 2 173 家企业；位居第三的生物医药产业，共有 1 727 家企业；新能源与节能产业共有 1 338 家企业；新材料产业共有 1 110 家企业；环保产业共有1 077 家企业。如表 5-3 所示。

表 5-3　2019 年中关村国家自主示范区六大高精尖产业企业数量分布

名称	电子信息	生物医药	新材料	先进制造	新能源与节能	环保
海淀园	10 095	509	338	654	421	393
顺义区	139	42	51	83	45	29
大兴-亦庄园	428	300	85	254	127	61
房山园	122	24	47	40	27	20
东城园	347	19	6	18	8	11
门头沟园	101	9	9	38	15	15
平谷园	44	19	11	18	17	14
怀柔园	63	25	25	37	8	10
密云园	41	12	23	28	13	15
延庆园	54	19	7	18	19	8
通州园	110	41	52	107	30	25
石景山园	553	19	25	52	41	30
西城园	458	36	33	63	46	37
朝阳园	1 211	61	56	133	91	90
昌平园	1 540	439	226	414	320	211
丰台园	914	153	116	216	110	108

资料来源：根据中关村国家自主创新示范区官网整理。

根据中关村国家自主创新示范区官网公布的信息，截至 2019 年 5 月，共有25 571家高技术企业入驻，2018 年底入选瞪羚企业名单的企业数量是5 211家。中关村国家自主创新示范区自 2013 年到 2019 年期间，总共新增入园企业数量是 9 437 家，截至 2019 年底已有 24 892 家企业入驻园区。十六个子园区的工业产值总额在 7 年期间从 7 890.3 亿元增加至 11 886.7 亿元，工业总产值在逐年上升，但其增长速度呈现逐步放缓的趋势。2014 年工业总产值的增长速度是 15.06%，而在 2015 年和 2016 年工业总产值增速出现急速下滑，分别是 5.32%和 3.93%。到 2017 年增长速度缓慢回升至 8.63%，不过在 2018 年和 2019 年增速再次放缓，分别为 3.09%和 6.81%。如图 5-2 所示。

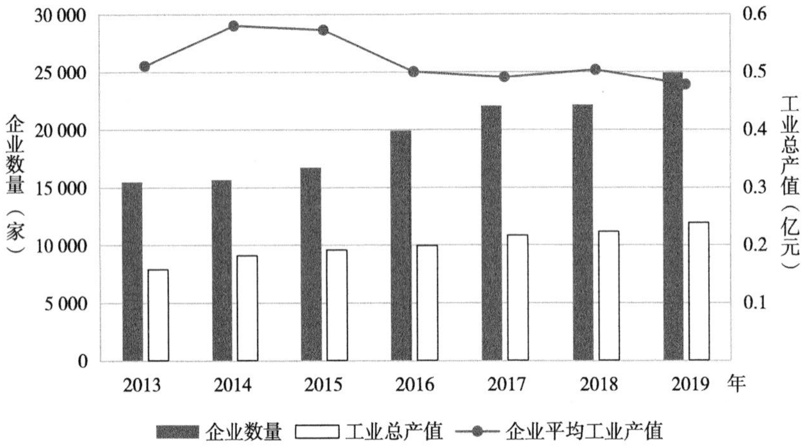

图 5-2　2013—2019 年中关村自主创新示范区总入园企业数量和工业总产值

资料来源：根据中关村国家自主创新示范区官网整理。

电子信息产业的企业数量始终保持领先地位，占到园区企业总数的 54%以上。在 2013 年至 2019 年间，入驻园区的电子信息产业企业数量增加了 7 061家，是该园区新增企业数量的 74.82%，并且在 2016 年突破了 10 000 家，这反映了中关村自主创新产业园区具有吸引电子信息产业发展的条件。尽管从事电子信息产业的企业数量众多，但尚未能够为推动园区内工业总产值增长发挥显著作用。电子信息产业的总产值一直稳定在 1 850 亿元至2 200 亿元之间，占园区总产值的比例低于 25%。在 2013 年至 2017 年间，该产业的工业总产值占园区总产值的比重从 24.04%连续下降至 17.27%，在 2018 年至 2019 年这一比例小幅回升并保持在 18.50%左右。在 2016 年和 2017 年工业总产值出现持续下滑现象，甚至 2017 年的工业总产值低于 2013 年。此外，企业平均工业产值在这六类行业中最低，最高值仅有 0.21 亿元，这说明电子信息产业可能存在效率低下的问题，需要进一步整合企业资源。如图 5-3 所示。

生物医药产业企业数量保持连年增加的趋势，稳定在 1000 家以上，并且

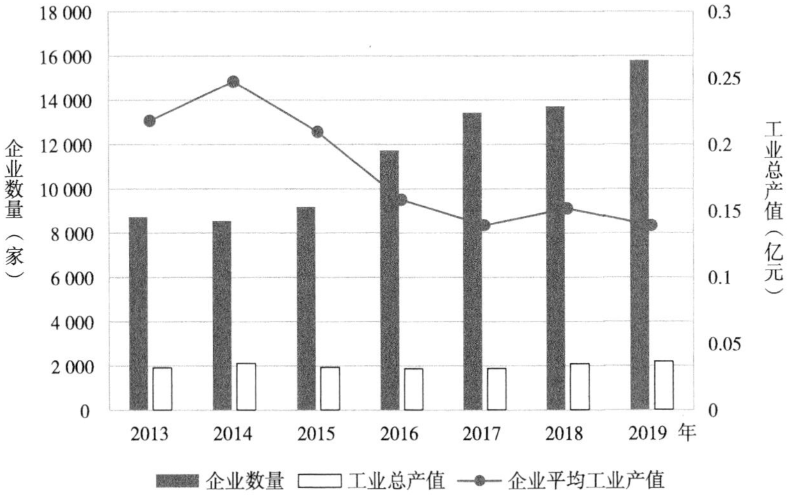

图 5-3　2013—2019 年电子信息产业的企业数量和工业总产值

资料来源：根据中关村国家自主创新示范区官网整理。

占园区内企业总数的 6.8%至 7.2%。该产业的工业总产值也呈现持续上升趋势，而增长速度呈现先上升后下降的趋势。在 2014 年至 2016 年间，工业总产值的增速有所放缓，从 12.70%下降至 9.43%，不过在 2017 年以 21.84%的速度迅速增加，为园区提供了 9.96%的工业产值。总体而言，生物医药产业在园区内的发展相对稳定，虽然工业总产值偏低，但是呈现出稳步上升的良好态势。如图 5-4 所示。

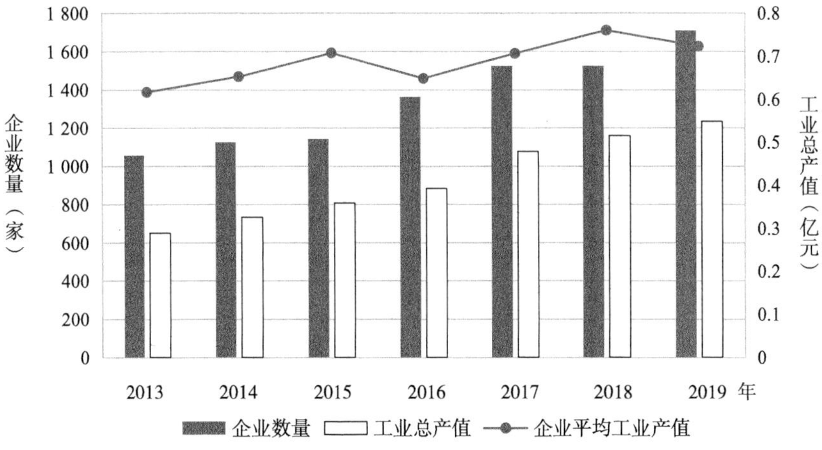

图 5-4　2013—2019 年生物医药产业的企业数量和工业总产值

资料来源：根据中关村国家自主创新示范区官网整理。

新材料产业企业数量略低于生物医药产业，在园区内所占比例为 6%至 7%。尽管在 2017 年新入驻园区企业数量增加了 18 家，但是该产业的企业数量占比显著下降至 2%。在 2015 年，新材料产业的企业数量突然缩减了 46.06%。可是，新材料产业的工业总产值基本稳定在 650 亿元左右，且有小幅波动的特征。在 2015 年工业总产值仍然比上一年上升了 6.48%，是这七年期间唯一一次平均工业产值超过 1 亿元，达到了 1.98 亿元的水平。2016 年企业数量是 2015 年的 3 倍，工业总产值却没有得到相应增长，2017 年企业数量与工业总产值同步回升，2017 年至 2019 年企业数量与工业总产值没有明显变化，甚至 2019 年平均工业总产值有所下降。这表明该产业的发展还处于不太稳定的阶段，需要优化资源配置，提高企业资源的利用效率。如图 5-5 所示。

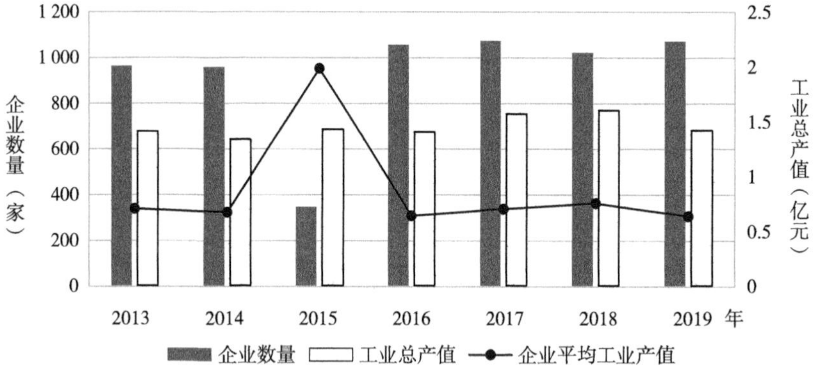

图 5-5　2013—2019 年新材料产业的企业数量与工业总产值

资料来源：根据中关村国家自主创新示范区官网整理。

先进制造产业的工业总产值和企业平均工业产值在园区内处于领先地位。该产业的企业数量连续增加，到 2018 年已经突破了 2 000 家，同时该产业的企业数量所占比例一直保持在 10%左右。2013 年至 2019 年，先进制造产业的企业平均工业产值从 1.43 亿元增加至 2.28 亿元，2014 年至 2019 年工业总产值的增速保持在 6%~27%。2019 年工业总产值已经是排名第二的新能源与节能产业工业总产值的 2.6 倍，占到园区内工业总产值的 41.74%。如图 5-6 所示。

新能源与节能产业企业数量稳定，工业总产值和企业平均工业产值均呈现倒“U”形。园区内企业入驻增速从 4%提升到 10%，说明该园区致力于发展新能源与节能产业。该产业的工业总产值占比在 20%到 25%之间浮动，在 2015 年工业总产值和企业平均工业产值均达到最高，分别是2 441.6

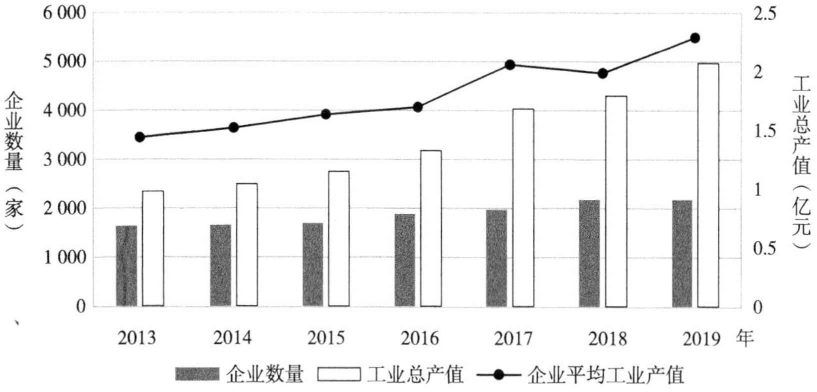

图 5-6　2013—2019 年先进制造产业的企业数量与工业总产值

资料来源：根据中关村国家自主创新示范区官网整理。

亿元和 2. 3 亿元。2016 年工业总产值下降了 9. 7%，且 2016 年至 2019 年均呈现缓慢降低的态势。工业总产值没有与企业数量同步增加，反映了新入驻企业尚未释放其拉动工业产值增长的潜力，需要园区内对产业做进一步规划。如图 5-7 所示。

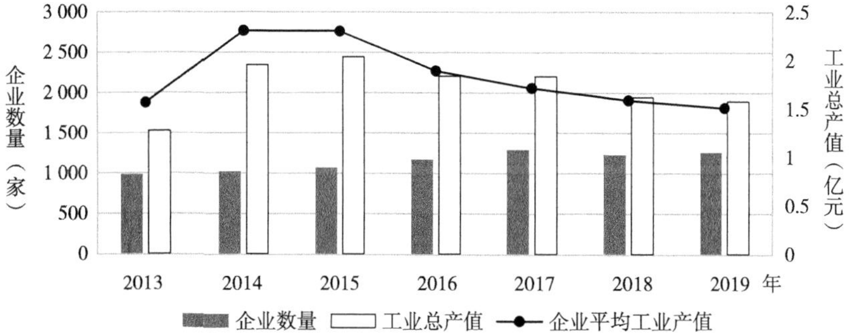

图 5-7　2013—2019 年新能源与节能产业的企业数量与工业总产值

资料来源：根据中关村国家自主创新示范区官网整理。

环保产业的企业具有数量少、增速快、企业平均工业产值低的特点。该产业的企业数量增速从 4%增加到 16%，企业总数尚未超过 1000 家。2013 年至 2016 年企业平均工业产值保持在 0. 45 亿元至 0. 5 亿元之间，而 2016 年迅速下降到 0. 33 亿元，2017 年至 2019 年有所小幅度回升，达到 0. 35 亿元。由此可见，环保产业同样存在着企业数量与工业总产值增长不同步的问题。如

图 5-8 所示。

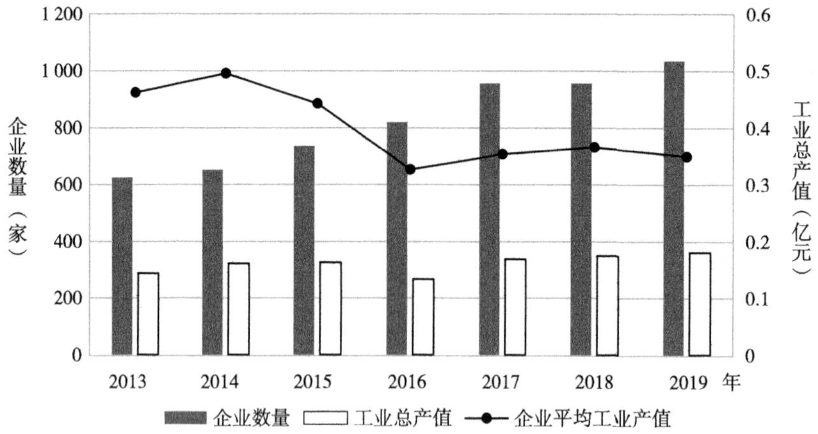

图 5-8　2013—2019 年环保产业的企业数量与工业总产值

资料来源：根据中关村国家自主创新示范区官网整理。

综上所述，中关村国家自主创新示范区的六大高精尖产业在企业数量、工业总产值和企业平均工业产值上具有较大差异。在企业数量上，除了生物医药产业外，其他产业的企业数量均不同程度地逐年递增，其中数量最多的是电子信息产业企业，尽管环保产业数量最少，但是该产业的企业数量增长最快。在工业总产值上，先进制造产业对促进工业总产值增加贡献最大，环保产业暂居末位。在企业平均工业产值上，先进制造产业和新能源与节能产业较高，企业平均工业产值均高于 1，而其他产业企业平均工业产值都低于 1，特别是电子信息产业，远远低于其他产业。

5.2　北京经济技术开发区

北京经济技术开发区位于北京亦庄地区，建设于 1992 年，经过 26 年的扩建，总面积已经达到 1 052 平方公里，逐步形成“两带、七片、多中心”的城区规划。1994 年，亦庄被国务院批准为北京唯一国家级经济技术开发区，1999 年成为中关村科技园区亦庄科技园，到 2017 年批复为国家知识产权示范园区。如表 5-4 所示。根据中华人民共和国商务部发布的《2018 年国家级经济技术开发区综合发展水平考核评价结果》，北京经济技术开发区综合排名第 4 位，其中科技创新考核项目位列第 3。

表 5-4 北京经济技术开发区发展历程

时间	占地面积扩建	发展规划
1992 年	3.8 平方公里	开始建设
1994 年 8 月	—	国务院批准为北京唯一国家级经济技术开发区
1999 年 6 月	7 平方公里	中关村科技园区亦庄科技园
2002 年 8 月	46.8 平方公里	—
2005 年 1 月	—	亦庄新城
2009 年 3 月	508.5 平方公里	—
2010 年	1052 平方公里	与大兴区行政资源整合
2017 年	—	国家知识产权示范园区

北京经济技术开发区主要以新一代信息技术产业、智能制造产业、生物医药产业和新能源智能汽车产业为四大主导产业，分别对应“尖”“精”“大”“高”的定位。从项目数量上看，新一代信息技术和生物医药产业最高，均有 29 个项目；而新能源智能汽车产业和智能制造产业分别有 16 个和 9 个。从投资总额上看，新一代信息技术产业总投资额最高，达到 581 亿元，是位居第二的新能源智能汽车产业总投资额的 2.27 倍；生物医药产业总投资额是 156 亿元；智能制造产业总投资额最低，为 13 亿元，只有生物医药产业总投资额的 1/12。从平均投资额上看，新一代信息技术产业最高，智能制造产业最低，新能源智能汽车产业和生物医药产业分别为第二、三名。如表 5-5 所示。

表 5-5 2019 年北京经济技术开发区四大主导产业发展规划

主导产业	技术领域	项目数量（个）	总投资额（亿元）	发展定位
新一代信息技术	集成电路、平板显示、5G 通信、物联网和云计算	29	581	尖
新能源智能汽车	轻量化、智能网联、燃料电池、全固态电池、纯电与插电动力系统、整车电控与集成等	16	256	高
生物医药	疫苗、抗体、靶向、基因重组	29	156	大
智能制造	机器人、3D 打印、航天航空、无人机、北斗导航系统	9	13	精

资料来源：根据北京经济技术开发区官网整理。

北京经济技术开发区的四大主导产业的工业产值和增长趋势具有不同的特征。截至 2018 年底，按照工业产值以从高到低的顺序排列，依次是新能源智能汽车产业、新一代信息技术产业、智能制造产业和生物医药产业。在 2014 年至 2019 年期间，这四大主导产业之间产值差距逐渐增大，并呈现出不同的产值和变化特点。新一代信息技术产业起点低且波动幅度大，智能制造产业产值稳定但波动频率高，生物医药产业产值偏低且浮动较大，新能源智能汽车产业发展起点高且速度快。

新一代信息技术产业在 2014 年至 2019 年期间，工业产值呈现出先急剧下降后迅速上升的趋势。2014 年和 2015 年，新一代信息技术产业的工业产值分别以 8.50%和 24.41%的速度迅速下降，使得工业产值低于 600 亿元，但仍然高于智能制造产业和生物医药产业的最高工业产值。该产业的产值自 2016 年开始逐步回升，并且在 2016 年至 2018 年工业产值的增长速度逐渐加快，尤其是 2018 年以 20.88%的增长速度突破了 850 亿元。而在 2019 年，新一代信息技术产业保持这一工业产值水平，工业产值为 861.7 亿元。如图 5-9 所示。

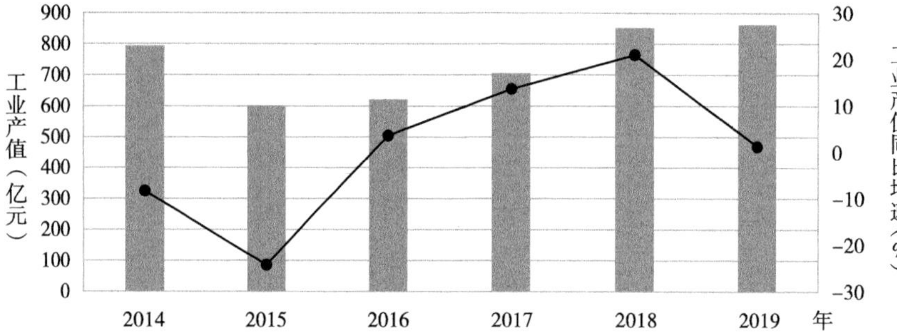

图 5-9　2014—2019 年新一代信息技术产业工业产值趋势

资料来源：根据北京经济技术开发区官网整理。

智能制造产业的工业产值在四大主导产业中始终保持在第三位。2014 年至 2019 年，智能制造产业的工业产值和工业产值增速表现出较大的波动性。该产业的工业产值保持在 440 亿元以上，在 2018 年突破了 500 亿元。虽然 2014 年和 2016 年工业产值有所下降，但下降幅度相对较小，分别为 3.88%和 2.37%。2015 年，智能制造产业的工业产值以 5.08%的增速达到了 463.2 亿元，之后工业产值一直稳定在 450 亿元以上。2017 年工业产值上升至 497.5 亿元，同期增长速度是 10.02%，是这五年以来产值速度变化最大的一次。在 2018 年和 2019 年工业产值分别以 2.59%和 5.19%的速度小幅度上升，并且超过了 500 亿元。如图 5-10 所示。

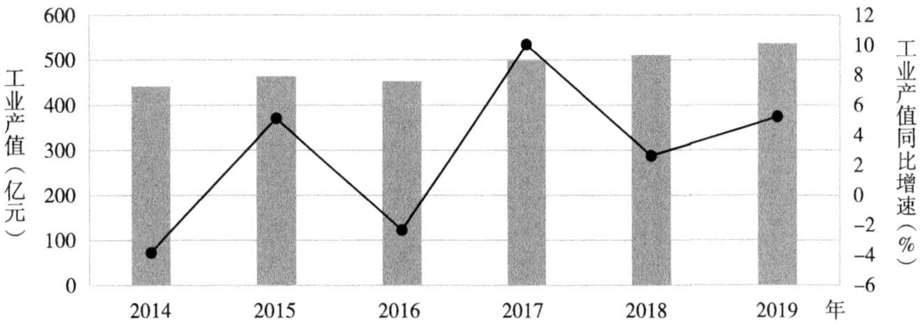

图 5-10　2014—2019 年智能制造产业工业产值趋势

资料来源：根据北京经济技术开发区官网整理。

生物医药产业的工业产值呈现上升趋势，但在四大主导产业中暂列第四位。在 2014 年至 2019 年，生物医药产业的工业产值稳步增长，2014 年的工业产值是 283. 5 亿元，六年期间产值增加了 0. 8 倍，在 2019 年工业产值提高至 510. 9 亿元。此外，产值同期增速表现出增速相对较快但不稳定的特征，2017 年产值增速最低是 2. 04%，2014 年、2015 年和 2018 年产值增速均在 10%以上，且 2018 年增速最快，达到了 31. 6%。如图 5-11 所示。

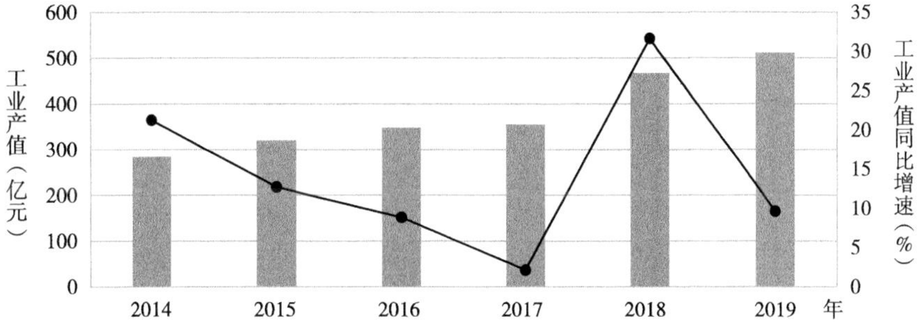

图 5-11　2014—2019 年生物医药产业工业产值趋势

资料来源：根据北京经济技术开发区官网整理。

新能源智能汽车产业的工业产值在四大主导产业中始终保持领先地位。该产业的发展具有工业产值高、产值增速快的特点。新能源智能汽车产业的工业产值在 2014 年至 2019 年一直保持高速增长趋势，六年期间工业产值增长了 2. 31 倍，且工业产值增长速度在 14%至 50%之间。2014 年工业产值是 593. 8 亿元；2015 年工业产值增速最快，以 48. 55%的增长速度实现了 882. 1 亿元的工业产值；2016 年工业产值已经高于 1 000 亿元，达到 1 159. 8 亿元；

2019 年工业产值是 1 967.2 亿元，是同期新一代信息技术产业工业产值的 2.28 倍、智能制造产业工业产值的 3.66 倍、生物医药产业的 3.85 倍。如图 5-12所示。

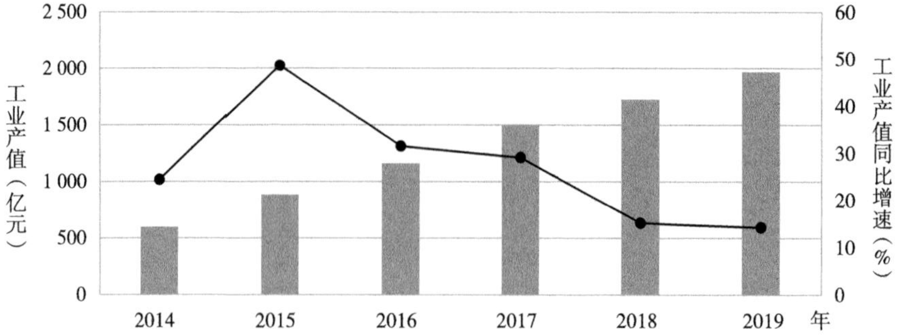

图 5-12　2014—2019 年新能源智能汽车产业工业产值趋势

资料来源：根据北京经济技术开发区官网整理。

5.3　北京天竺综合保税区

北京天竺综合保税区成立于 2008 年 7 月，地处北京市顺义区，占地面积为 5.944 平方公里，是一家空港型综合保税区。作为国家级经济开发区之一，保税功能三区是主要规划建设高精尖产业的区域，主导产业包括电子信息、生物医药、环保节能、光机电一体化及航空指向性强的产业。

自 2014 年起，高新技术企业入驻北京天竺保税区的数量为 3 家，到 2018 年增加至 6 家。北京天竺综合保税区高新技术产业利润总额总体上呈现上升趋势，2017 年利润总额最高，突破了 6 亿元，平均每家高新技术企业创收 1.5 亿元。除了 2018 年高新技术产业利润总额下降了 0.5 亿元以外，2015 年至 2017 年高新技术产业利润总额增长率保持在 28%～36%。高新技术产业所创造的利润在北京天竺综合保税区利润总额中的比重为 15%～35.72%，2014 年至 2016 年占比呈现上升趋势，2016 年所占比重达到最高值 35.72%。虽然 2017 年高新技术产业利润总额占比略有下降，但仍然比 2015 年高 0.8%。这一组数据反映了高新技术产业在北京天竺综合保税区发展较为迅速，处于建设初始阶段，仍有较大增长空间。如图 5-13 所示。

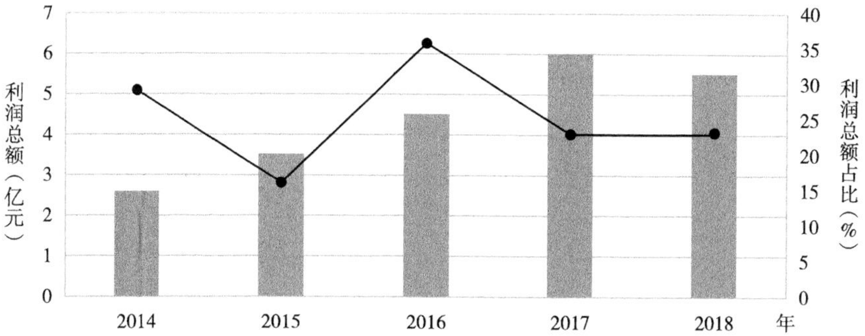

图 5-13　2014—2018 年北京天竺综合保税区高新技术产业利润总额状况

资料来源：根据北京区域统计年鉴绘制。

5.4　六大高端产业功能区

随着高端产业集聚，北京市逐渐构建了六大高端产业功能区。根据北京市第四次全国经济普查的统计，该区以占北京市 9.9%的法人单位，创造了 47.7%的营业收入。这六大高端产业功能区具有不同的发展方向，中关村国家自主创新示范区和北京经济技术开发区主要发展与工业技术相关的高精尖产业，金融街、北京商务中心区和奥林匹克中心区致力于科技服务业，而临空经济区兼顾工业技术领域和科技服务领域的高精尖产业。如表 5-6 所示。

表 5-6　六大高端产业功能区基本概况一览

名称	成立时间	所属区域	主要高精尖产业
中关村国家自主创新示范区	1991 年	16 个城区	电子信息、新材料、新能源与节能、节能环保、生物医药、科技服务等
金融街	1992 年	西城区	科技服务业
北京商务中心区	1993 年	朝阳区	软件和信息服务业
北京经济技术开发区	1992 年	大兴区	新一代信息技术、高端汽车和新能源智能汽车、生物医药、机器人和智能制造
临空经济区	2014 年	顺义区	高科技产业区
奥林匹克中心区	2008 年	朝阳区	科技文体服务业

2013 年至 2018 年，六大高端产业功能区规模以上企业资产总额连年上

升，但是总资产增长率呈现大体下降的趋势。相较于 2013 年末，截至 2018 年，六大高端产业功能区资产总额增加了 47 万亿元以上。2013 年高端产业功能区总资产增长率在 25%以上，然而从 2014 年起一直低于 20%，到 2018 年实现 7.70%的增长率。这表明六大高端产业功能区规模扩张开始进入了缓慢增长阶段。如图 5-14 所示。

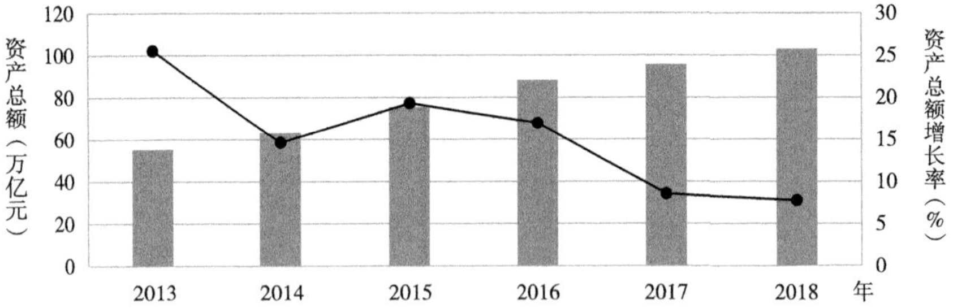

图 5-14　2013—2018 年高端产业功能区规模以上企业资产总额及其增长率

资料来源：北京区域统计年鉴和北京市第四次全国经济普查主要数据公报。

2013 年至 2018 年，六大高端产业功能区规模以上企业营业收入总额保持持续上升趋势，相较于 2013 年，营业收入总额在这一期间增长了 69.42%。营业收入增长率一直处于小幅波动的变化趋势中，但始终保持在 9%以上。根据图 5-14和图 5-15 所列示的数据可以分析得出，2013 年至 2018 年的资产周转率分别是 9.36%、9.25%、8.49%、7.93%、8.19%和 8.49%。这表明当前高端产业功能区营运能力基本保持稳定，资产利用相对充分。六大高端产业功能区在之后的发展中，一方面应当继续集中力量将中关村自主创新示范区和北京经济技术开发区的技术成果转化为经济效益，另一方面要协调其他四大功能区在金融、交通等方面为高精尖产业发展所提供的相关服务，以提高总体盈利。

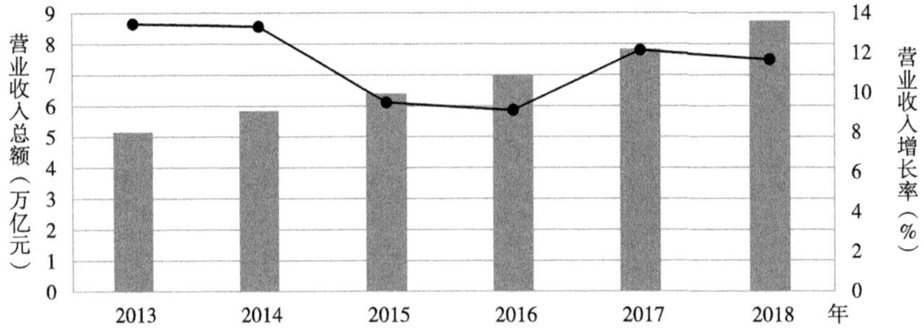

图 5-15　2013—2018 年高端产业功能区规模以上企业营业收入总额及增长率

资料来源：北京区域统计年鉴和北京市第四次全国经济普查主要数据公报。

参考文献

［1］白素霞．中关村科学城对北京建设全国科技创新中心的贡献研究［J］．中国经贸导刊，2019（13）：51-53.

［2］李俊杰．务实推进双创加快建设中关村科学城［J］．投资北京，2019（07）：22-25.

［3］赵弘，陈智国．中关村示范区 成就、责任与未来［J］．中国高新区，2012（04）：64-68.

［4］中关村科技园区海淀园管委会课题组，赵甜蜜．加快构建高精尖经济结构的海淀实践［J］．中国科技产业，2018（04）：64-66.

［5］北京市统计局，国家统计局北京调查总队．六大高端产业功能区瞄准“高精尖”［N］．中国信息报，2015-03-05（005）.

6 高精尖产业园区驱动影响因素评估[①]

6.1 问题提出

近几年，特别是从2018年党的十八大以来，从中央到地方都高度重视高精尖产业的发展。随着各地对高精尖产业扶持政策的出台，全国各省区市之间高精尖产业开发区的发展差异却越来越明显。为什么我国各省区市高精尖产业开发区的发展水平有高有低呢？已有研究表明，除通用设备、电气机械和器材、教育产业外，其余高精尖产业均具有较高的集聚水平，集群态势发展良好，但存在集聚经济与集聚不经济现象并存、集聚效应作用发挥有待加强等问题（杨正一等，2019）。因此，有学者建议完善财税政策，为北京构建高精尖经济结构提供支撑，充分发挥财政资金引导投资的功能。对于政府来说，需要制定一系列政策刺激创新驱动，并且加大服务力度以及产品的采购规模（贾晓俊，2018）。也有学者提议，为了增加高新技术产业的竞争力、创新能力，可以通过将高精尖经济结构与科技创新相结合，从国家层面提出战略，从而为科技发展提供方向，进行更深远的创新，使高新技术产业得到更长远的发展（卜文娟，2018）。对于北京来说，由于在政府工作报告中鼓励创新并推出相关的政策，如“9+N”，营商环境大大改善，促使最近几年在该地区的高精尖产业与高新区发展迅速，因此，不断壮大高精尖产业需要持续改善营商环境（许泽玮，2019）。但目前已有的这些研究都集中在对高精尖产业政策的解读及具体某一区域高精尖产业发展的部分影响因素的探讨，并没有综合分析不同地区高精尖产业集聚区的发展水平究竟受什么因素影响更多。开展对这一问题的研究，对于深入了解如何发展各地区的高精尖产业具有重要的理论和现实意义。

为回答上述问题，本章以2014—2017年中国火炬统计年鉴、中国风险投

---

① 本章作者：张曼玉，管理学硕士，现供职于中国电信河北分公司，研究领域为人力资源管理、企业管理。范合君，首都经济贸易大学教授，研究领域为数字经济。

资年鉴、中国分省企业经营环境指数报告、中国城市营商环境评价以及市场化指数数据，研究高精尖产业开发区的发展驱动因素，并考察目前排名前十位的高精尖产业开发区，结合因子分析技术分析我国各地区高精尖产业的驱动因素。

本章基于驱动因素视角研究技术驱动、制度驱动和资本驱动是如何影响我国各地区高精尖产业聚集地发展的，以区别于以往文献侧重于从政策解读、内涵定义等定性层面出发，或者针对某一特定地区分析技术或制度等单一因素的影响研究，有助于深刻理解我国不同地区、不同背景下高精尖产业聚集地发展的驱动因素。以往的多数研究中并没有系统地分析我国现阶段存在的各个高精尖产业集聚区的发展驱动因素，本章进一步将这些驱动因素与高精尖产业地区性特点结合分析，将对我国之后的高精尖产业研究提供新的论据。在研究方法上，本章采用因子分析方法、KMO 检验、得分矩阵、得分系数匹配矩阵等方法，使得结论更具可靠性。

6.2 文献综述

6.2.1 中国开发区模式

开发区是指国家或地方政府为了积极发展某一特定区域，通过集中更多的土地、资金、人才等资源，给予该地区更多优惠政策等措施，从而特意设立并大力发展的有潜力的特定区域。目前，我国设立的开发区从开发内容上划分为经济技术开发区、高新技术产业开发区；从等级上划分为国家级开发区、省级开发区等。自 1978 年我国实施改革开放政策起，国务院先后设立了多个沿海经济开发区并取得了非凡的成效。从 2003 年起，我国开始建立高新技术开发区，2015 年之后高新技术类型的开发区更是呈现迅猛增长的态势。

6.2.1.1 开发区发展模式

我国开发区的发展模式，可从整体发展阶段模式和不同地域代表模式两方面来分析。从我国所有开发区的发展整体来看，分为要素集群阶段（初建期）、产业主导阶段（起步期）、创新突破阶段（发展期）、财富凝聚阶段（辐射期）四个阶段。初建期主要是开发区的选址、筹备等工作；起步期主要是招商引资；发展期不断调整开发区的产业特征和管理等内容；最后阶段为辐射期，根据开发区中心点的发展主要特征和发展产业，不断向周围地区投放，形成区域性的开发区（邵琼，2014）。从地域来看，目前我国的开发区可划分为东南部、中西部。东南部主要受惠于改革开放政策的支持，因此先发优势突出；中西部后期发展更多依靠政策上的倾斜。

我国开发区发展模式主要有以下几种。

中关村模式——创新创业摆在首位。中关村由一个荒凉的小地方发展成为中国的“硅谷”，政策上的支持和引导是首要原因，始终把创新创业放在第一要位，注重人才引进，管理体制都围绕创新创业理念，创造了很好的发展环境（陈晓强，2019）。

苏州模式——政企分开。苏州 40 年来从一个轻纺织传统业城市转型成为以工业园区和高新技术产业开发区为主的现代化城市，主要得益于几下以点：一是苏州市委市政府大力支持，在政策上推行一系列优惠条例，专门组建了园区管理委员会，作为专门机构管理开发区相关事宜，政府创建开发区并支持其建设，官方支持力度在苏州模式中产生了很重要的影响；二是实施“千人计划”引进系列人才；三是开展与国外地区的合作，如与新加坡合作开发的苏州工业园区都是苏州模式的重要组成部分（汪长根，2018）。

上海模式——“一站式审定”和“一条龙服务”。这是上海官方支持的创举模式。上海的开发区经审核合格后便有官方指导和手续办理操作流程引导，这极大地促进了开发区招商引资的进程。

南京蛙跳模式——先在中心点以外发展另一类型的业务，再填充空白距离（郁佳影，2018）。

20 世纪 80 年代刚开始进行开发区建设时，发达国家正将工厂或企业向发展中国家转移，此时开发区的功能主要是凭借廉价劳动力和丰富便宜的资源吸引投资，承接这些转移过来的工厂或企业。时至今日，开发区呈现多元化发展的趋势，功能也不再单一，因此管理模式面临改革。要改变靠投资来驱动的模式，应逐步发展开发区自身的优势特色，加快向新型产业园区转变的步伐（何晴，2017）。有开发区率先提出循环经济模式，逐步改变高资源消耗、破坏环境等问题，由劳动密集型、资源消耗型开发区转型为高新技术产业开发区，促进产业转型与升级（孟祥松，2016）。已有文献指出，在新的机遇与挑战下，要逐步处理好传统产业与开发区创新之间的关系、新常态下开发区管理体制的创新与法律法规的关系、开发区产业发展承载能力与环境之间的关系。模式上逐步由“招商引资+政策支持”向“人才+政策+科技支持系统+产学研合作”相结合转变（陈敏，2015）。

我国开发区的发展模式汇总见表 6-1。

表 6-1 我国开发区的发展模式

发展阶段	园区 1.0	园区 2.0	园区 3.0	园区 4.0
阶段属性	要素集群阶段	产业主导阶段	创新突破阶段	财富凝聚阶段
核心驱动	政府政策优惠等外力因素	政府政策和企业竞争力双驱动	内部因素为主，技术推动	财富链驱动
产业聚集动力	低成本导向，政策优惠	产业链导向，整合要素，形成配件良好的上中下游产业链	创新导向	高势能优势导向
产业空间形态	产业区单纯，存在企业聚集	产业区单纯，布局沿核心企业的产业链展开	产业形成社区模式，形成产业集群，并存在同层布局	综合型城市状态，产业与城市相融合
主要产业类型	传统产业，以广泛劳动为主	以资金为主，常见于制造业	以技术和创新为主	以科技创新为主，以高端服务型为主
园区功能	功能单一	制造产品多样	集研发与制造于一体	综合型
与城市的发展关系	基本无关	稍有关系	成辐射状	多级的耦合

资料来源：艾瑞咨询。

6.2.1.2 开发区运营模式

我国的开发区和产业园区在运营模式上可以分为五种类型。一是完全由政府掌管并运营管理的模式（政企一体），一般会设置管委会，直接由管委会对开发区进行管理，对政府负责。二是新加坡裕廊模式（政企分开），市场化程度小范围开启，国有控股占主要模式，国有企业掌握开发区的运营和管理。三是根据土地二级开发而产生的二级运营新模式。土地通过一级开发后，经过正式的出租或者售卖，入驻企业完全自由运营，顺应市场化。四是 BOT（Build-Operate-Transfer）模式，又称为“特许经营权”，分为“建设—经营—转移”三个阶段。先由当地政府与项目方签订开发区特许权，然后项目负责人在一定期限内对此项目进行全权控制和管理，期满后，由当地政府收回。五是 PPP（Public-Private-Partnership）模式，即政府和企业合作，共同经营开发区的项目。前三种模式可称为传统运营模式，后两种模式可称为创新运营模式。如图 6-1 所示。

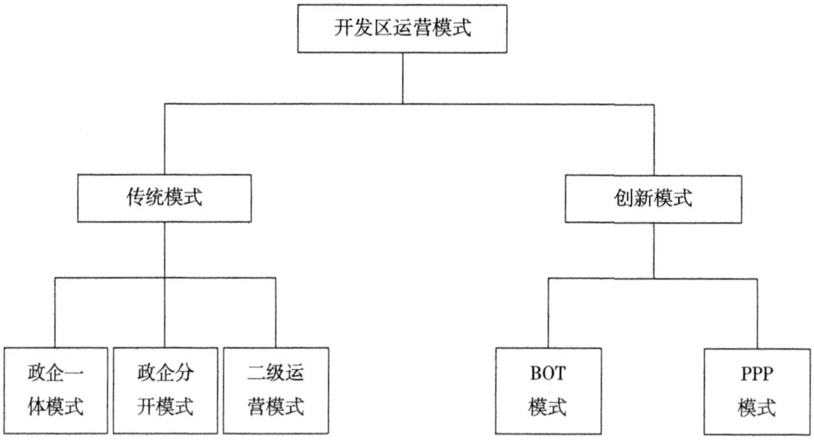

图 6-1　开发区运营模式

资料来源：艾瑞咨询。

6.2.2　开发区与高精尖产业的关系

高精尖产业发展离不开开发区的发展。中关村园区 2018 年总收入超过 5.8 万亿元，高精尖产业总收入占比高达七成以上。高精尖产业是指高级、精密、尖端的产业，包括环保与新能源、医药健康、新一代信息技术与相关服务等领域。这一产业的兴起与发展是社会发展的产物，是必然趋势。随着各地出台发展高精尖产业的政策，纷纷开始设立高精尖产业开发区。高精尖产业开发区是开发区的一种新类型，同时是传统开发区在新时代下演变的新形势。

如上所述，我国开发区从改革开放以来开始设立，初期阶段主要是依靠廉价劳动力和丰富的资源吸引发达国家到我国设厂办企，因此开发区的主要功能就是承接这些国外企业的工厂，开发区的主要建设内容就是围绕这些最早的以资源消耗大、劳动力密集为特征的产业进行，开发区的管理模式也较为单一。随着现代社会的发展，高精尖产业逐步成为最新发展势头，高精尖产业园区成为开发区的重要组成部分。因此，很多开发区除了传统的产业外，逐步开辟出高精尖产业区的新天地。例如，浙江嘉兴经开区积极适应新常态，把目标放在吸引国外高精尖产业的驻扎上（芦磊，2017）；北京市也出台土地意见给予高精尖产业优惠政策，力图在已存在的开发区引进高精尖产业，促进传统开发区的转型，积极倡导高精尖产业优先落户于开发区（何谨，2018）。高精尖产业目前以极少的数量、极少的占地面积，创造了极大的经济价值。例如，合肥市的几大开发区正在通过积极引进人才、产学研合作等途径聚焦高精尖产业，力图将开发区打造成为创新创业实力新基地（谷瑾琼，2019）。

6.3 高精尖产业聚集区发展驱动因素评价体系

本节对各个研究的结果进行对比分析，结合各区实际，设置技术驱动、制度驱动和资本驱动三大类一级指标，设置留学归国人数等 9 个二级指标，建立我国高精尖产业聚集区发展驱动因素评价体系。各类别具体驱动因素评价指标明细见表 6-2。

表 6-2 我国高精尖产业聚集区发展驱动因素指标体系明细

指标类别	指标名称	成分	指标计算公式依据
技术驱动	留学归国人数（单位：人）	X_1	《中国火炬统计年鉴 2018》
	R&D 研发人员人数（单位：人）	X_2	《中国火炬统计年鉴 2018》
	R&D 经费内部支出（单位：千元）	X_3	《中国火炬统计年鉴 2018》
制度驱动	市场化指数	X_4	《中国分省份市场化指数报告 2016》
	营商指数	X_5	《中国城市营商环境报告 2018》
资本驱动	官方支持力度	X_6	《中国分省企业经营环境指数 2017 年报告》
	平均民间风险投资资本	X_7	《中国风险投资年鉴 2017》
	其他融资	X_8	王小鲁指数
	借款利率	X_9	王小鲁指数

6.3.1 我国排名前十的高精尖产业聚集区发展驱动因素评价模型

根据我国高精尖产业聚集区发展驱动因素指标体系，本节选取了科学技术部火炬高技术产业开发中心 2018 年最新评定的我国排名前十位的高新技术产业开发区的发展驱动因素指标数据共计 10 组为样本原始数据。这些原始数据来源于 2014—2017 年中国火炬统计年鉴、中国风险投资年鉴、中国分省企业经营环境指数报告、中国城市营商环境评价以及市场化指数等。为了方便原始样本的整理和查阅，使用 Excel 进行统计，并且为了对样本进行更深刻的分析，采用 SPSS 22.0 软件，最终构建出我国排名前十的高精尖产业聚集区发展驱动因素的评价指标模型。具体操作步骤如下。

6.3.1.1　对样本的选择和处理

分析 2014—2017 年中国火炬统计年鉴、中国风险投资年鉴、中国分省企业经营环境指数报告、中国城市营商环境评价以及市场化指数的数据，最终用 Z-Score 对收集的 10 组原始样本进行标准化。

6.3.1.2　检验样本可行性

（1）巴特利特球形检验与 KMO 检验。如表 6-3 所示，通过 SPSS 22.0 对样本数据做了相关检验。结果表明显著性概率值是 0.000，小于 0.001，因此根据这一结果，可知因子分析是可行的。

表 6-3　KMO 和巴特利特球形检验

取样足够度的 KMO 度量		0.374
巴特利特球形检验	近似卡方	99.212
	自由度	36
	显著性	0.000

（2）对变量共同度进行考察。共同度的含义是公共因子对原有变量信息的反映，表示了程度的大小，表 6-4 中对 9 个二级指标的共同度进行了说明，它的结果表明，提取到的公共因子对原始变量的解释是完全充分的。

表 6-4　原始变量公因子方差

指标	初　始	提　取
留学归国人数	1.000	0.945
R&D 研发人员人数	1.000	0.927
R&D 经费内部支出	1.000	0.962
市场化指数	1.000	0.971
营商指数	1.000	0.963
官方支持力度	1.000	0.881
平均民间风险投资资本	1.000	0.918
其他融资	1.000	0.816
借款利率	1.000	0.902

注：提取方法为主成分分析。

（3）对公共因子的确定。从表 6-5 中可以看到，为了确定相关的公共因子，将累计方差贡献率法与特征值法同时应用，对主成分进行分析并提出了原始变量的公共因子，表中的数据用方差贡献率表示。本次研究所做的对前几个高新技术产业开发区的分析是基于前三个公共因子所形成的评价指标。

表 6-5　总方差解释

成分	初始特征值			提取平方和载入			旋转平方和载入		
	合计	方差百分比	累计方差贡献率	合计	方差百分比	累计方差贡献率	合计	方差百分比	累计方差贡献率
1	5.399	59.988	59.988	5.399	59.988	59.988	4.661	51.791	51.791
2	1.727	19.189	79.177	1.727	19.189	79.177	2.262	25.135	76.927
3	1.160	12.885	92.062	1.160	12.885	92.062	1.362	15.135	92.062
4	0.424	4.706	96.768						
5	0.177	1.962	98.730						
6	0.066	0.729	99.458						
7	0.045	0.495	99.954						
8	0.004	0.040	99.994						
9	0.001	0.006	100.000						

注：提取方法为主成分分析。

图 6-2 是因子分析碎石图，通过该图可以了解到，前三个因子均有很高的特征值，说明它们能够相对完整地解释原始变量。

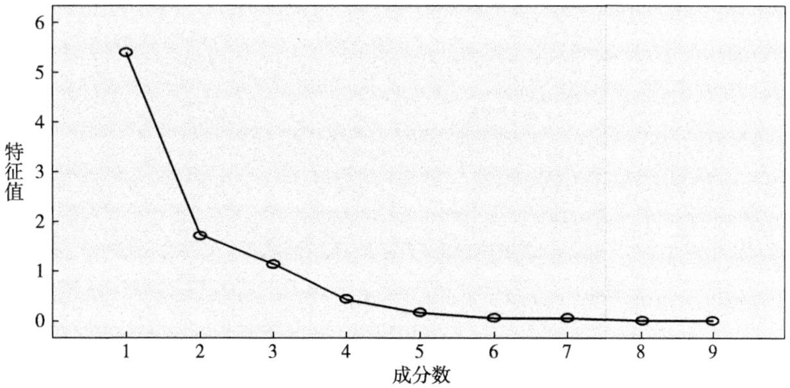

图 6-2　因子分析碎石图

(4) 为了命名公共因子，可以选择旋转后的因子载荷矩阵。本节对公共因子进行命名的主要目的是为了更加直观地表征其含义，进而对原始变量做出因子分析。在分析时，将初始因子的载荷矩阵使用最大方差法的正交旋转进行处理，结果如表 6-6 所示。从表中可以看到，可分别将 F_1、F_2、F_3 作为技术、制度和资本驱动代表因子。

表 6-6 旋转后的因子载荷矩阵

指标	因子		
	F_1	F_2	F_3
留学归国人数	0.940	0.037	0.244
R&D 研发人员人数	0.961	0.042	-0.044
R&D 经费内部支出	0.973	0.126	-0.007
市场化指数	0.187	0.966	-0.058
营商指数	0.762	0.871	-0.361
官方支持力度	0.115	0.502	0.331
平均民间风险投资资本	0.831	0.435	-0.193
其他融资	0.765	0.294	-0.380
借款利率	-0.045	0.157	0.936

注：提取方法为主成分法；旋转法为正交旋转法（Kaiser 标准化），旋转在 5 次迭代后收敛。

6.3.2 高精尖产业聚集区发展驱动因素评价模型

为了直观简明地表示出原始变量和因子之间的线性关系，这里对因子得分系数矩阵用回归法做了相关分析，结果如表 6-7 所示。因子得分 F_i 的计算公式为：

$$F_i = C_i \times X \tag{6-1}$$

其中，C_i 是表 6-7 中的列，X 是原始变量。

表 6-7 因子得分系数矩阵

指标	因子		
	C_1	C_2	C_3
留学归国人数	0.290	-0.170	0.300
R&D 研发人员人数	0.261	-0.148	0.076
R&D 经费内部支出	0.253	-0.106	0.100

续表

指标	因子		
	C_1	C_2	C_3
市场化指数	-0. 129	0. 510	-0. 099
营商指数	0. 083	0. 170	-0. 232
官方支持力度	-0. 086	0. 439	0. 205
平均民间风险投资资本	0. 135	0. 107	-0. 087
其他融资	0. 120	0. 055	-0. 230
借款利率	0. 070	0. 022	0. 715

注：提取方法为主成分法。旋转法为正交旋转法（Kaiser 标准化）。

根据因子得分公式（6-1），为了对因子综合得分进行计算并获得结果，我们采用了客观赋值法，最终整合排名前十位的高精尖产业发展聚集区得分计算公式为：

$$F=\frac{51.791\%\times F_1+25.135\%\times F_2+15.135\%\times F_3}{92.062\%}$$

$$=0.56257\%\times F_1+0.27302\%\times F_2+0.16440\times F_3 \quad (6-2)$$

通过对 10 组原始数据的因子分析，确定了 3 个影响高精尖产业集聚区发展驱动因素的主要因子，我们选取并整理了 2018 年我国高精尖产业集聚区排名前十的得分情况，见表 6-8。

表 6-8　我国排名前十的高精尖集聚区发展驱动因素综合评价得分和排名

高精尖发展区	F_1		F_2		F_3		综合	综合
	得分	排名	得分	排名	得分	排名	得分	排名
北京中关村	2. 433 84	1	-0. 046 75	6	0. 667 68	3	2. 238 586	1
深圳高新区	0. 227 88	3	0. 525 88	4	-1. 109 01	9	0. 548 032	8
杭州高新区	-0. 777 91	9	1. 152 53	1	1. 044 28	2	1. 062 395	5
上海张江高新区	0. 702 73	2	1. 062 14	2	-0. 519 03	7	0. 664 216	6
武汉东湖高新区	-0. 135 30	5	-0. 622 81	8	0. 005 06	6	0. 142 900	10
苏州工业园	-0. 951 34	10	0. 889 39	3	0. 074 94	5	0. 598 075	7
成都高新区	-0. 736 52	8	-1. 188 88	9	-1. 181 79	10	1. 178 153	3
合肥高新区	-0. 643 36	7	-0. 410 39	7	1. 875 60	1	1. 440 516	2
广州高新区	-0. 198 91	6	0. 454 72	5	-1. 010 40	8	0. 445 371	9
西安高新区	0. 078 89	4	-1. 815 84	10	0. 152 65	4	1. 168 958	4

我国主要高精尖产业聚集区发展驱动因素的汇总见表 6-9。

表 6-9 我国主要高精尖产业聚集区发展驱动因素

高精尖发展区	驱动因素
北京中关村	技术驱动+资本驱动
深圳高新区	技术驱动+制度驱动
杭州高新区	制度驱动+资本驱动
上海张江高新区	技术驱动+制度驱动
武汉东湖高新区	技术驱动+资本驱动
苏州工业园	制度驱动+资本驱动
成都高新区	技术驱动为主
合肥高新区	资本驱动为主
广州高新区	制度驱动为主
西安高新区	技术驱动+资本驱动

6.3.3 结果分析

从上述分析结果来看，我国排名前十的高精尖产业聚集区都不同程度地受到技术驱动、制度驱动和资本驱动的影响。在这里我们主要分析排名前五位的高精尖产业聚集区的发展驱动模式。

首先，整体排名第一的北京中关村，主要受“技术驱动+资本驱动”模式的综合影响。结合样本数据来看，北京中关村 2017 年留学归国人数高达 34 729人，投入研发的人员人数高达 276 346 人，该园区在人才管理方面做出了很多创新。其中包括：①在园区人才引进方面，对海内外的优秀人才出台优惠政策，提供便捷服务和设施；②为了留住人才，对优秀的人进行股权奖励，通过奖金、工资、股权相结合的模式，留住核心人才；③在个人生活和职业发展方面，解决户口问题，减少职称忧虑。中关村研发经费内部支出高达 767. 4 亿元，远远超过同类别的其他九个高精尖产业聚集区，因此技术驱动因素作为主力驱动因素毋庸置疑。同时，在平均民间风险投资资本方面，2016 年，北京中关村的数据为 5 580 万美元，在前十位的高精尖产业聚集区中为最高数额；从其他融资上来看，北京的其他融资指数也较高，排在第二位，这说明北京的高精尖产业聚集区发展在资本方面也极占优势。

深圳高新区和上海张江高新区的发展驱动模式都是“技术驱动+制度驱

动”。技术方面，深圳市和上海市的研发经费内部支出分别高达 399.7 亿元、471.7 亿元，同时研发人才数目庞大，在这一方面，上海张江经验丰富，其对技术人才的管理非常值得学习。首先，为了使人才的专业能力能够更加适应市场的需求，园区在职业培训方向做出许多创新，使服务能力、培训体系更加专业，对培训市场的方向把控根据该行业的研发即创新发展能力来考量；其次，园区帮助人才解决一系列生活及发展所需考虑的事情，如子女入学、户籍和定居、个人工作、医保等，并发布很多相关措施，从而吸引高端人才；同时，园区给予企业、研发机构中的核心人物、创新团队、关键研发人才一定的补助；另外园区还通过建设优良舒适便捷的人才公寓，解决人才住宿问题，方便人才生活和工作。这些措施也有效地帮助园区在较长时间内吸引并留住对园区发展意义重大的人才。制度方面，深圳的市场化指数为 9.35，上海则高达 9.77，两者 2018 年营商指数分别高达 58.75 和 66.15，在全国排名第 3 位和第 1 位，处于国内顶尖梯队。这说明深圳市和上海市的政府服务水平较高，研发投入强大，注重创新，而且具有良好的融资环境，因此深圳高新区和上海张江高新区受制度因素驱动较大。

杭州高新区的发展驱动模式为“制度驱动+资本驱动”。杭州位于我国最早对外开放地区之一的浙江省，因此政府服务水平、公共服务水平等方面具有较强的优势。杭州 2018 年营商指数排名全国第 9 位，制度上优势极为明显。另外，结合资本驱动因素的四个指标来看，杭州高新区排名第 2 位，特别是官方资本支持力度非常大。

武汉东湖高新区的发展驱动模式为“技术驱动+资本驱动”。首先，高新区积极从海外引进高端科技人才，使得人才数量大大提升；其次，为了给园区提供强有力的人才规模，东湖在各级部门的讨论下，提出了多种人才计划，从世界各地招贤纳士，如“百人计划”“黄鹤英才计划”“3551 人才计划”等。园区非常重视对人才的保留能力，因此，在不断发展的过程中，东湖高新区根据园区内的主要产业进行全方位转型，优化对人才的管理，同时，提供优良便利的服务，对人才机构进行更深层次的优化。与此同时，善于将中介机构作为自己吸引人才的一种方式。经过一系列的优化改革，已有万名高层次人才和管理人才以及千余个各地创新团队扎根武汉，服务武汉。

合肥高新区发展的主要驱动模式为资本驱动。资本驱动因子在十个高精尖产业聚集区中排名第一位。合肥高新区持续打造青创资金、创新贷等特色拳头产品，并与政银担、转贷资金、政保贷、税融通等产品联动，形成示范效应。八大金融产品已支持双创企业 266 次，支持规模高达 8.2 亿元。同时，借力政府引导基金撬动社会资本，而且大力引进金融、类金融、中介服务机构，加速金融资源聚集。合肥在资本驱动方面的做法很值得借鉴。

6.4 研究结论与政策建议

本章通过 KMO 检验和巴特利特球形检验，筛选相关指标，最终确定 3 个公因子代表原始数据的 9 个衡量我国高精尖产业集聚区发展的驱动因素指标，用因子分析法对目前我国排名前十的高精尖产业集聚区进行分析并得出相关结论。另外，结合这些高精尖产业集聚区的不同所在地的背景环境分析，对比由因子分析法构建的高精尖产业集聚区发展驱动因素综合评价模型，说明该分析结果对我国高精尖产业聚集区的驱动发展具有一定的参考价值。

研究发现：①目前我国高精尖产业聚集区的发展驱动因素主要包括技术驱动、制度驱动和资本驱动；②在排名前十的高精尖产业开发区中，北京、武汉等地区的高精尖产业发展驱动模式为“技术驱动+资本驱动”；③在排名前十的高精尖产业开发区中，深圳高新区、上海张江高新区的高精尖产业发展受“技术驱动+制度驱动”的共同影响；④杭州高新区高精尖发展模式是“制度驱动+资本驱动”。

据此，提出如下政策建议：

（1）在我国目前已存在的开发区中，开发区的模式正在经历大的变革。各开发区大力发展的项目和领域整体趋势向高精尖领域进军，用更加低碳、资源消耗少、创造价值高、技术主导型的高精尖产业带动区域发展已成为发展潮流和未来发展趋势。因此，我国各开发区要注重此进程中的转型问题。

（2）从排名前十的高精尖产业聚集区来看，北部地区和沿海地区的高精尖产业聚集区更多地依靠技术驱动和政策驱动发展。因此，北部和沿海地区可以侧重于在资本方面的投入，加强资本驱动的力量，可参考在资本驱动中排名第一的合肥高新区的做法，侧重引进民间更多的资本力量，可通过政府引导撬动社会资本，从而为高精尖产业聚集区注入新的活力。

（3）从排名前十的高精尖产业聚集区来看，中部地区的高精尖产业聚集区主要在技术驱动方面有欠缺。充分发挥人才资源的优势、留住人才、将人才资源引入高精尖领域的建设中是重要问题。可以开放更多人才引进政策，加大对科研力度的投入和支持，将已有的产业园区进行升级与转型，从而尽可能地发挥技术驱动在高精尖产业聚集区的影响。

参考文献

[1] 谷瑾琼．集聚高精尖打造创新实力主阵地：合肥市三大开发区创新

情况调查分析［J］．中共合肥市委党校学报，2019（01）：18-24.

［2］何谨．改革用地方式支持高精尖产业发展［J］．科技智囊，2018（03）：36-41.

［3］芦磊，洪丽敏，单曹辉．嘉兴经开区：既要高大上，又要高精尖［N］．国际商报，2017-07-15（B01）.

［4］北京市统计局，国家统计局北京调查总队．六大高端产业功能区瞄准“高精尖”［N］．中国信息报，2015-03-05（005）.

［5］史竹琴，郭思雨．太原高新技术开发区科技型中小企业自主创新发展模式研究［J］．企业导报，2015（13）：66-70.

［6］邵琼，范韬．武汉国家级经济技术开发区发展模式研究［J］．科技创业月刊，2014（09）：14-16.

［7］孟祥松．河北省级经济开发区循环经济发展模式研究［J］．经贸实践，2016（01）：22-23.

［8］陈晓强．创新创业目标下中关村模式对山东省开发区建设的启示［J］．德州学院学报，2019，35（01）：100-102.

［9］汪长根．开发区“苏州模式”的思与行［N］．思想月刊，2018-08-07.

［10］肖璐瑶，郭鑫，周静，等．“互联网+”背景下苏州农业产业园转型升级策略研究［J］．统计与管理，2018（11）：9-12.

［11］陈欣烨．“一带一路”下中国境外经贸合作区的发展实践：以中埃苏伊士经贸合作区为例［J］．改革与战略，2019，35（01）：70-78.

［12］张鹏远．PPP 模式在产业园区建设中的应用与思考［J］．产业经济，2019（05）：215-216.

［13］袁剑平．产业园区管理体制创新的实践与探索：以西部国际技术合作产业园为例［J］．管理观察，2019（06）：43-47.

［14］宋铁勇，付百臣．开发区模式：东北资源型城市转型路径演变与修正［J］．地方财政研究，2019（01）：35-43.

［15］杨彩霞．产业园区招商引资存在的问题及对策研究［J］．产业与科技论坛，2019，18（04）：233-234.

［16］张冉．第四代产业园区的八大特征［J］．城市开发，2019（06）：47-49.

［17］黄延禄．高新技术产业园区规划与管理模式探讨［J］．经营与管理，2018，25（04）：191-193.

［18］彭冉，廖娅希．高新技术产业园区人才管理研究综述［J］．大众

科技，2018（09）：89-92.

[19] 邢韵龄，高健，林奇妹．海南高新技术产业园区建设中的政府功能定位［J］．产业经济，2018（14）：63-64.

[20] 薄文广，刘仪梅，张亚舒．区际合作产业园区可持续发展思考：以滨海-中关村科技园为例［J］．天津大学学报（社会科学版），2019，21（02）：149-155.

[21] 陈敏．探索新常态下开发区发展新模式［J］．当代江西，2015（01）：47.

[22] 何晴．江苏为何反思开发区模式［J］．决策，2017（09）：37-39.

[23] 郁佳影，胡雪峰．南京市开发区“蛙跳”发展模式与效益分析［C］//中国城市规划学会．共享与品质：2018中国城市规划年会论文集．

7 高精尖产业评价体系构建与评估[①]

7.1 引言

随着社会经济的发展，我国产业的发展逐渐向高端化加速。高精尖产业的建设对促进我国区域经济的发展日益重要。产业高端化发展对促进区域产业结构的优化调整、抢占区域经济科技发展制高点以及提高产业可持续发展能力有着重要的战略意义。国家统计局数据显示，2019 年我国国内生产总值为990 865.1亿元，其中，第一产业增加值为 70 466.7 亿元，同比增长 8.84%；第二产业增加值为 386 165.3 亿元，同比增长 5.58%；第三产业增加值为 534 233.1 亿元，同比增长 9.09%。根据我国近 10 年三次产业构成的变化趋势（如图 7-1 所示），第三产业增加值的占比从 2009 年的 44.2%持续增加到 2019 年的 53.9%，第二产业增加值的占比从 2009 年的 46.5%逐渐减少到 2019 年的 39.0%，第一产业增加值的占比从 2009 年的 9.3%也逐渐降低到 2019 年的 7.1%，由此可以看出，我国的产业结构已逐渐呈现出高端化发展的趋势。[②]

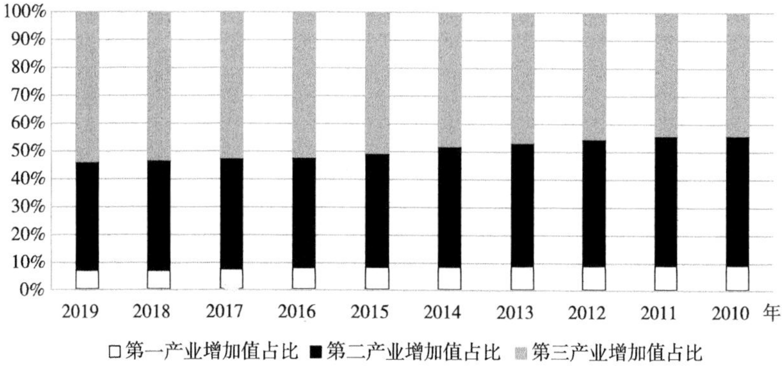

图 7-1 近 10 年三次产业构成的变化趋势

① 本章作者：毕文莉，管理学硕士，现供职于中国银行北京分行。研究方向为财务管理、公司治理。范合君，首都经济贸易大学教授，研究方向为数字经济。

② 数据来源：国家统计局网站（http：//www.stats.gov.cn/tjsj/tjbz/）。

但近几年，我国工业发展存在增速减缓、工业产销率下降等现象，产业在高端化的进程中依然存在诸多问题，产业的发展与现代产业体系尚存在一定的差距。因此，区域高端产业的发展现状如何？怎样客观、准确地测量和评估不同区域产业高端化发展的水平？怎么解决产业在高端化的进程中所存在的问题？本章通过对相关文献的回顾与总结，试图通过构建产业高端化评价指标体系，对区域产业高端化发展情况进行测度，利用实证分析发现我国区域产业在向高端化发展中存在的问题，并根据实证分析结果提出相应的加快产业高端化发展的指导性建议。

7.2 文献综述

产业高端化是转变经济发展方式、提升产业效能的必要途径，更是促进我国区域经济发展的必然选择。对于产业高端化的概念，学术界尚无统一的定论，但很多学者从不同角度对高端产业以及产业高端化进行了描述。宋伟杰（2008）将高端产业分为狭义和广义，狭义的高端产业指处于控制地位的产业，而广义的高端产业具有先进性和控制力两种特征。欧阳平凯等（2009）认为产业高端化是一个产业从没有技术支持向高科技、高附加值以及高智力密集性的产业转型升级的过程。还有很多学者对产业高端化的本质进行了深入探究。吴海瑾（2009）认为产业高端化包含产业结构不断优化、产业不断创新和高层次生产要素支撑三个方面。王岳龙等（2016）认为高端产业的本质是高创新产业，产业高端化即提高经济体系的创新能力和创新程度。

对于产业高端化的特征与形成因素，也有学者进行了讨论和分析。黄斌（2014）认为产业结构的软化、高科技化和开放化以及产业竞争有效化、产业发展的信息化是产业高端化的表现特征。刘英基（2015）认为技术创新和制度创新是推动产业高端化的内生动力与外部诱因，并实证验证了技术创新和制度创新对于产业高端化的协同效应。在产业高端化的实现途径方面，隋映辉、毛佳（2007）认为要以资本、技术、人才、体制和管理创新等创新要素构建一个高端化战略系统，形成高端技术的突破能力，最终实现产业的升级转型。宋伟杰（2008）认为发展高端产业的途径有两种，一种是通过自主创新或吸引国际投资、承接产业转移来直接创造高端产业，另一种是利用创新的高新技术成果和新的产业理念对传统产业进行改造。韩振华、王崧（2009）通过分析国外产业发展的特征，总结其产业高端化的经验，从而指出了我国产业高端化发展过程中需要注意的问题。公丕明（2015）考察了高端产业发展的路径后，总结了高端产业发展存在的问题，并对高端产业发展的路径给出了指导性建议。

产业高端化对促进区域经济发展有着重要的战略意义。客观、准确地评价一个地区的产业高端化水平，对于区域发展战略制定、产业政策选择具有重要意义。现有的文献对于区域产业高端化发展水平的研究较少，且对产业高端化的测度标准不统一。李道芳（2007）把产业规模、产业结构、产业经济效益、科技创新能力和环境资源保护能力作为评价产业发展的主要指标。欧阳平凯等（2009）考虑到产业发展状况和产业发展的外部环境的重要性，以两者为主要研究视角建立了评价指标体系。刘义成（2009）从规模与效率、结构与体系、功能与价值以及潜力与可持续发展四个维度构建了35个指标的区域高端产业质量评价指标体系。张威（2014）从产业规模、产业创新、产业效益、关键资源和基础环境5个角度构建了评价体系，并对4个直辖市和15个副省级城市进行实证研究。张浩良（2017）以价值链为视角建立了高端化评价指标体系。袁永（2019）从产业创新-产业效益-产业规模的高技术产业高端化评价模型框架构建了22个指标的高技术产业高端化评价指标体系。

以上关于产业高端化的研究对高端化产业的发展均已做出贡献。但已有的产业高端化评价指标尚缺乏系统性和代表性。因此，本章在分析高端产业的本质与内涵的基础上，建立产业高端化评价模型框架，并构建出一套科学的、系统的产业高端化评价指标体系。对31个省区市的产业高端化发展状况进行实证分析后，试图找出产业在高端化进程中的问题并给出指导建议，以期对促进区域产业高端化发展提供依据和参考。

7.3 评价指标体系

7.3.1 指标体系构建原则

7.3.1.1 科学性原则

评价指标体系的建立首先要求具有科学性，指标的选取及指标权重的设置都需要具有科学性。科学性原则保证了产业高端评价体系结果的可靠性。通过分析产业高端化的内涵、特征、客观影响因素和多种形成途径，从而更加系统、准确地反映出产业的高端化水平。在方法选择上也要考虑是否具有科学性，通过利用合理且客观的方法对指标的权重进行设置，避免主观因素评价带来的偏差。

7.3.1.2 可操作性原则

指标选取要考虑其是否具有可操作性。一方面，可操作性原则要求数据的采集需要具有可获得性。选择可以采集到数据的指标，对于具有客观性但难以采集数据的指标，可选择其他相关指标，若没有其他可行性指标代替，则选择转化其他指标。另一方面，可操作性原则还要求所选取的指标数据必须具有可测量性。本章实证分析是基于定量的分析，要求所有指标可以量化为数字，以供进一步进行实证分析。

7.3.1.3 可对比性原则

产业高端化评价体系的建立还需要考虑可对比性原则。指标的选取需要具有可对比性，要求可以有效对比出不同地区、不同产业及不同规模的产业高端化情况。可比性越强，评价结果就越可靠。因此，为了避免不同地区规模、环境及其他特征差异的影响，本章利用比值对各二级指标进行衡量，从而对产业高端化的发展情况进行比较。

7.3.1.4 系统性原则

产业高端化是涉及多个方面、多个维度的概念，因此构建产业高端化的评价指标必须具有系统性，能够反映出影响其发展的多个方面和维度。当然，一个指标体系不可能完全覆盖所有的影响因素。系统性原则要求保证指标评价体系相对全面地评价研究对象的主要方面和主要内容，从而系统地概括产业高端化的水平状况。系统性原则还要求指标各部分之间有关联，形成一个完整的体系，保证了指标评价体系的全面性，也就可以得到更具说服力的实证结果。

7.3.2 评价指标体系构建

对产业高端化的测度和评价需要从多个方面考虑，不仅需要考虑产业的结构、创新能力和产业绩效，还要考虑其拥有的资源环境和条件的影响。综合相关文献研究和指标体系构建原则，笔者建立了产业高端化评价模型框架，如图 7-2 所示。

7.3.2.1 高端化产业结构

产业结构的调整是经济发展的要求，随着经济的增长，产业结构逐渐呈现出优化升级的趋势。高端化的产业结构能够更合理且更高效率地配置资源，高端化的产业结构是形成高端产业的基础。高新技术企业和高新技术产业开发区的数量能够反映地区高新技术产业的规模水平。产业结构的高端化也是三次产业的比重按第一、二、三产业的顺序不断变高的过程。因此，本章选取高新技术企业占比、每千万人拥有高新技术产业开发区数量、产业结构高级化程度 3 个指标作为高端化产业结构的二级指标。

7.3.2.2 高端化创新能力

产业的创新能力可以推动产业高端化的实现，产业创新来源于企业研发

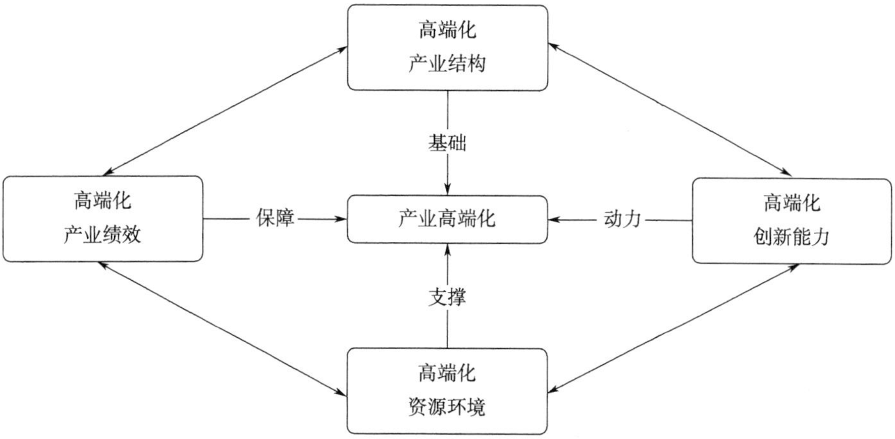

图 7-2 产业高端化评价模型框架

的财力、物力和人力等的投入。开发新产品和服务的能力以及相关领域的专利授权数等产出结果能够反映出地区的领先程度。R&D 经费是研究与试验发展所必需的财力需求，R&D 经费投入强度是衡量科研活动规模与科研投入水平的重要指标。地区的高等学校科研人员数量从一定程度上反映了该地区的受教育程度以及科研的人力水平。每万人有效发明专利数和规模以上新产品贡献率两项指标可以衡量创新能力的产出水平。因此，本章主要选择 R&D 经费投入强度、高等学校科研人员占比、每万人有效发明专利数和规模以上新产品贡献率 4 个指标来测度产业创新能力。

7.3.2.3 高端化产业绩效

产业绩效能够衡量产业价值创造的能力和资源转化的效率。高端化的产业绩效能够保证产业高端化的有效发展，为产业持续不断高端化提供保障。成本费用利润率是跨行业分析的常用指标，可以避免行业差异的影响，对企业盈利能力进行评价。规模以上企业利润额增长率和企业产成品增长率可以反映企业的生产绩效以及持续增长能力。技术市场成交合同金额则可以反映产业科技水平的竞争力和高质量的产出水平。因此，本章选用成本费用利润率、规模以上企业利润额增长率、规模以上工业企业产成品增长率和技术市场成交合同金额占比 4 个指标来反映产业的生产绩效。

7.3.2.4 高端化资源环境

资源是产业得以持续发展的主要源泉，高端化的产业资源也是产业高端化过程的重要支撑。资源环境包括很多方面，本章主要选取了可以评价高端化产业的几个指标，例如，每百人拥有计算机数可以反映产业的信息化程度，政府的财政科技支出能够从一定程度上反映政府提供的科研支持。鉴于人力资源、资产资源及资本等也是产业资源具有代表性的重要资源，本章选取了R&D人员占比、每百人拥有计算机数、投资机构密度、财政科技支出占比4个指标对高端化资源环境进行衡量。其中，投资机构密度指标为投资机构数量与地区企业总数的比值。

本章所选取的产业高端化4个一级评价指标和15个二级评价指标以及具体指标的测度与说明见表7-1。

表7-1 产业高端化评价指标体系

一级指标	二级指标	指标测度与说明
高端化产业结构	高新技术企业占比（A_1）	高新技术企业数量/地区企业总数×100%
	每千万人拥有高新技术产业开发区数量（A_2）	高新技术产业开发区数量/地区人数×10 000 000
	产业结构高级化程度（A_3）	产业结构高级化程度
高端化创新能力	R&D经费投入强度（A_4）	R&D经费内部支出/主营业务收入×100%
	高等学校科研人员占比（A_5）	高等学校科研人员数量/高等学校总人员数量×100%
	每万人有效发明专利数（A_6）	经行政部门授权的发明专利件数/地区人数×10 000
	规模以上企业新产品贡献率（A_7）	新产品销售收入/主营业务收入×100%
高端化产业绩效	成本费用利润率（A_8）	利润总额/成本费用总额×100%
	规模以上企业利润额增长率（A_9）	利润增长额/前一年利润额×100%
	规模以上工业企业产成品增长率（A_{10}）	规模以上工业企业产成品增长/前一年工业企业产成品×100%
	技术市场成交合同金额占比（A_{11}）	技术市场成交合同金额/主营业务收入×100%
高端化资源环境	R&D人员占比（A_{12}）	R&D人员数量/就业人数×100%
	每百人拥有计算机数（A_{13}）	每百人拥有计算机数
	投资机构密度（A_{14}）	投资机构数量/地区企业总数×100%
	财政科技支出占比（A_{15}）	财政科技支出金额/一般财政支出金额×100%

对于上述评价指标体系中的“产业结构高级化程度”指标，本章参考了付凌晖（2010）的产业结构高级化指标的计算方法。将 GDP 根据三次产业划分为 3 个部分，用每部分的增加值占 GDP 的比重作为空间向量中的一个分量，构建一组 3 维向量 $X_0=(x_{1,0},\ x_{2,0},\ x_{3,0})$。计算出 X_0 与产业由低层次到高层次排列的向量 $X_1=(1,\ 0,\ 0)$，$X_2=(0,\ 1,\ 0)$，$X_3=(0,\ 0,\ 1)$ 的夹角 θ_1，θ_2，θ_3：

$$\theta_j=\arccos\left(\frac{\sum_{i=1}^{3}x_{i,j}\cdot x_{i,0}}{\sum_{i=1}^{3}(x_{i,j}^2)^{1/2}\cdot\sum_{i=1}^{3}(x_{i,0}^2)^{1/2}}\right),\text{其中 } j=1,2,3$$

最后，可以得到产业结构高级化值 W：

$$W=\sum_{k=1}^{3}\sum_{j=1}^{k}\theta_j$$

W 的值越大，说明产业结构高级化程度越高。

7.3.3 指标权重设置方法

在产业高端化指数权重的设置上，现有研究使用的方法有逐级等权法、层次分析法、熵值法和因子分析法等，不同的方法皆有其利弊。逐级等权法通过对各级别指标进行逐级等额赋权的方式来设置权重，其所得到的权重不能真实反映各指标的贡献度。层次分析法主要通过专家评价来确定各项指标的重要程度，其准确程度主要取决于专家的知识和经验，该方法具有一定的主观倾向性，难以保证评价结果的客观性和准确性。熵值法虽然能够排除主观因素的干扰，但通过熵值法得出的权重难以实现指标评价的真实性。因子分析法是主成分分析法的推广。因子分析法可将多指标变量转化为几个具有代表性的公因子，以达到降维的目的。降维的原理就在于可以通过利用较少的变量去解释原始数据中的大部分变量。同时因子分析法可以克服主成分分析法的一些缺陷。

因此，本章选取实用性相对较强的因子分析法，对产业高端化指标的权重进行设置。

7.4 实证研究

7.4.1 描述性统计

本章选取 2016 年我国 31 个省区市作为研究对象，指标数据主要来源于《中国高技术产业统计年鉴 2017》，个别指标数据来源于国家统计局网站。在对相关指标进行搜集、整理和计算后，得到各指标的描述性统计结果，统计结果列出了各项指标的最小值、最大值、平均值和标准差等信息，见表 7-2。

表 7-2　各指标的描述性统计

指标	样本量	最小值	最大值	平均值	标准差
高新技术企业占比	31	0.000 1	0.005 0	0.001 8	0.001 2
每千万人拥有高新技术产业开发区数量	31	0.000 0	2.963 0	1.135 0	0.615 2
产业结构高级化程度	31	6.350 7	7.599 7	6.730 1	0.277 2
R&D 经费投入强度	31	0.190 0	5.960 0	1.629 7	1.158 0
高等学校科研人员占比	31	0.170 0	0.595 2	0.343 0	0.110 4
每万人有效发明专利数	31	0.347 4	21.540 0	4.575 3	5.387 4
规模以上企业新产品贡献率	31	1.690 4	32.690 1	11.796 7	7.800 8
成本费用利润率	31	0.010 6	0.130 4	0.069 4	0.025 4
规模以上企业利润额增长率	31	-0.462 1	10.605 1	0.516 0	1.921 9
规模以上工业企业产成品增长率	31	-0.193 6	0.356 0	0.009 6	0.106 3
技术市场成交合同金额占比	31	0.000 2	0.199 6	0.014 1	0.035 7
R&D 人员占比	31	25.684 6	844.849 8	180.176 7	142.561 9
每百人拥有计算机数	31	14.000 0	66.000 0	25.970 0	10.268 0
投资机构密度	31	0.008 7	1.529 7	0.151 3	0.346 0
财政科技支出占比	31	0.021 1	1.131 2	0.265 7	0.251 8

描述性统计结果显示，每万人有效发明专利数、规模以上企业新产品贡献率、R&D 人员占比和每百人拥有计算机数这 4 个指标的标准差相对较高，说明不同省份之间的发明专利数、新产品产出、科研人员以及信息化程度差距较大。而高技术企业数量的占比标准差为 0.001 2，说明不同区域高技术企业数量相对较平均。

7.4.2　指标权重

7.4.2.1　KMO 和巴特利特球形检验

为检验所选取的数据是否适合采用因子分析法进行分析，本章利用 SPSS25.0 对数据进行 KMO 和巴特利特球形检验，见表 7-3。结果表明，KMO

值为0.757，且巴特利特球形检验概率值远小于0.01，因此可以表明本章所选数据能够进行因子分析。

表 7-3 KMO 和巴特利特球形检验

KMO 取样适切性量数		0.757
巴特利特球形检验	近似卡方	423.636
	自由度	105
	显著性	0.000

7.4.2.2 因子分析的共同度

为检验因子分析的效果，利用统计软件得到公因子方差表，见表 7-4。结果显示，因子分析的各项指标初始共同度都为1.000，且各项指标“按特征根大于1”这一提取条件提取特征根后，变量的共同度均较好。所选取的变量大部分信息均可被因子解释，变量信息丢失较少，因此本次因子提取效果较好。

表 7-4 公因子方差

	初始	提取
高新技术企业占比	1.000	0.545
每千万人拥有高新技术产业开发区数量	1.000	0.364
产业结构高级化程度	1.000	0.861
R&D 经费投入强度	1.000	0.855
高等学校科研人员占比	1.000	0.557
每万人有效发明专利数	1.000	0.863
规模以上企业新产品贡献率	1.000	0.777
成本费用利润率	1.000	0.765
规模以上企业利润额增长率	1.000	0.853
规模以上工业企业产成品增长率	1.000	0.664
技术市场成交合同金额占比	1.000	0.778
R&D 人员占比	1.000	0.821
每百人拥有计算机数	1.000	0.850
投资机构密度	1.000	0.921
财政科技支出占比	1.000	0.844

7.4.2.3 总方差解释

为得出可以解释大部分变量的主因子，利用统计软件得到总方差解释表，见表 7-5。从表可知，“按特征根大于 1”，可以选取三个因子，累计方差贡献率为 75.459%。从贡献率可以看出因子的相对重要性，而前三个主成分基本可以反映全部指标的信息，因此这里提取三个主因子，分别为 F_1、F_2、F_3。

表 7-5 总方差解释

成分	初始特征值			提取载荷平方和			旋转载荷平方和		
	总计	方差百分比	累计方差贡献率	总计	方差百分比	累计方差贡献率	总计	方差百分比	累计方差贡献率
1	7.355	49.033	49.033	7.355	49.033	49.033	5.399	35.995	35.995
2	2.182	14.548	63.581	2.182	14.548	63.581	4.086	27.240	63.234
3	1.782	11.878	75.459	1.782	11.878	75.459	1.834	12.225	75.459
4	0.849	5.659	81.118						
5	0.725	4.834	85.952						
6	0.609	4.063	90.015						
7	0.528	3.522	93.537						
8	0.247	1.649	95.186						
9	0.196	1.308	96.494						
1	0.187	1.248	97.742						
1	0.139	0.927	98.669						
1	0.090	0.601	99.269						
1	0.057	0.380	99.650						
1	0.031	0.210	99.860						
1	0.021	0.140	100.000						

注：提取方法为主成分分析法。

7.4.2.4 旋转后的成分矩阵

为得到三个主因子中各指标的成分，利用统计软件得到旋转后的成分矩阵，见表 7-6。结果显示，公共因子 F_1 在每万人有效发明专利数、规模以上企业新产品贡献率、规模以上工业企业产成品增长率、R&D 人员占比和财政科技支出占比上具有较大载荷。公共因子 F_2 在产业结构高级化程度、技术市场成交合同金额占比、每百人拥有计算机数和投资机构密度方面具有较大载荷。公共因子 F_3在成本费用利润率、规模以上企业利润额增长率上有较大载荷。因此，F_1可以解释为科研与创新方面的投入和产出，F_2包括了结构与资源环境等因素，而 F_3更多地展示了产业绩效方面的因素。

表 7-6　旋转后的成分矩阵

	成分		
	F_1	F_2	F_3
高新技术企业占比	0.530	−0.359	0.366
每千万人拥有高新技术产业开发区数量	0.191	−0.360	−0.445
产业结构高级化程度	0.570	0.726	−0.092
R&D 经费投入强度	0.661	0.646	−0.004
高等学校科研人员占比	0.626	0.406	−0.011
每万人有效发明专利数	0.882	0.283	0.070
规模以上企业新产品贡献率	0.863	0.175	0.035
成本费用利润率	0.324	0.213	0.784
规模以上企业利润额增长率	−0.088	−0.153	0.907
规模以上工业企业产成品增长率	0.799	0.162	0.005
技术市场成交合同金额占比	0.075	0.879	0.026
R&D 人员占比	0.904	0.046	−0.035
每百人拥有计算机数	0.230	0.891	0.052
投资机构密度	0.407	0.845	0.204
财政科技支出占比	0.782	0.479	0.062

注：提取方法为主成分分析法；旋转方法为 Kaiser 正态化最大方差法。

7.4.2.5 因子得分值

为计算各主因子的得分情况，利用统计软件得到成分得分系数矩阵，见表 7-7。根据成分得分系数矩阵的结果可以得到各主因子得分计算公式：

$$F_1 = 0.179A_1 + 0.122A_2 + 0.039A_3 + \cdots + 0.126A_{15} \quad (7-1)$$

$$F_2 = -2.1A_1 - 0.145A_2 + 0.16A_3 + \cdots + 0.041A_{15} \quad (7-2)$$

$$F_3 = 0.19A_1 - 0.249A_2 - 0.084A_3 + \cdots - 0.002A_{15} \quad (7-3)$$

表 7-7 成分得分系数

	成分		
	F_1	F_2	F_3
高新技术企业占比	0.179	-0.210	0.190
每千万人拥有高新技术产业开发区数量	0.122	-0.145	-0.249
产业结构高级化程度	0.039	0.160	-0.084
R&D 经费投入强度	0.071	0.117	-0.037
高等学校科研人员占比	0.100	0.041	-0.036
每万人有效发明专利数	0.182	-0.042	0.002
规模以上企业新产品贡献率	0.195	-0.075	-0.015
成本费用利润率	0.022	0.010	0.421
规模以上企业利润额增长率	-0.033	-0.052	0.510
规模以上工业企业产成品增长率	0.182	-0.069	-0.030
技术市场成交合同金额占比	-0.118	0.287	-0.002
R&D 人员占比	0.229	-0.124	-0.054
每百人拥有计算机数	-0.080	0.266	0.007
投资机构密度	-0.033	0.221	0.085
财政科技支出占比	0.126	0.041	-0.002

注：提取方法为主成分分析法；旋转方法为 Kaiser 正态化最大方差法。

表 7-5 中的方差百分比表明本章所提出的三个主成分贡献率分别为 35.995%、27.240%和 12.225%。由此可以得到产业高端化评价权重结果的公式：

$$F=35.995\%F_1+27.240\%F_2+12.225\% F_3 \tag{7-4}$$

由式（7-1）、式（7-2）、式（7-3）、式（7-4）可推算出每个二级指标的权重。最终可以得到产业高端化各一级指标和二级指标的权重，见表 7-8。

表 7-8 产业高端化各二级指标权重

一级指标	一级指标权重	二级指标	二级指标权重
高端化产业结构	0.082 434 86	高新技术企业占比	0.048 481 25
		每千万人拥有高新技术产业开发区数量	-0.041 428 7
		产业结构高级化程度	0.075 382 33

续表

一级指标	一级指标权重	二级指标	二级指标权重
高端化创新能力	0.315 053 17	R&D 经费投入强度	0.084 219 01
		高等学校科研人员占比	0.068 074 38
		每万人有效发明专利数	0.086 464 57
		规模以上企业新产品贡献率	0.076 295 22
高端化产业绩效	0.281 646 7	成本费用利润率	0.098 874 47
		规模以上企业利润额增长率	0.057 793 67
		规模以上工业企业产成品增长率	0.068 528 71
		技术市场成交合同金额占比	0.056 449 85
高端化资源环境	0.320 865 27	R&D 人员占比	0.066 939 42
		每百人拥有计算机数	0.070 869 39
		投资机构密度	0.093 466 95
		财政科技支出占比	0.089 589 51
合计	1	合计	1

由表 7-8 可以看出，高端化创新能力和高端化资源环境两个一级指标的权重均大于 0.3，相对较高。其中 R&D 经费投入强度、每万人有效发明专利数、投资机构密度和财政科技支出占比等二级指标所占权重相对较高。而高端化产业绩效权重为 0.28，其中成本费用利润率指标的权重较高。成本费用利润率衡量企业为取得利润花费的成本费用高低，其控制成本费用的能力越强，则说明企业获利能力越强。一级指标高端化产业结构所占权重最低，其中二级指标每千万人拥有高新技术产业开发区数量权重为-0.04，指标为负值的原因是由于高新技术产业开发区数量越多，产业园区的集聚程度越低，产业园区之间信息、知识的共享与交流难度越大，导致集聚效应越不明显，从而有碍于产业高端化的发展进程。

7.4.3　各地区得分及排名

根据表 7-8 中各指标的权重，利用搜集整理到的 31 个省区市数据计算出各因子得分和综合得分，得到各地区的产业高端化发展得分及排名情况，见表 7-9。

表 7-9　各地区产业高端化发展综合得分及排名

地区	F_1	F_2	F_3	综合得分	排名
北京	5.20	20.58	2.15	12.38	1
上海	14.04	8.19	1.35	11.97	2
天津	16.25	2.50	0.25	10.53	3
浙江	19.62	-2.60	-1.02	10.12	4
广东	15.18	2.72	0.18	10.06	5
江苏	17.93	-2.06	-1.02	9.48	6
重庆	7.18	3.13	1.72	5.90	7
安徽	7.19	3.15	0.82	5.76	8
福建	7.79	1.71	0.88	5.63	9
山东	7.48	2.35	0.50	5.58	10
湖北	5.79	4.26	1.01	5.57	11
湖南	6.42	3.03	0.98	5.33	12
辽宁	4.10	6.26	-0.61	5.20	13
陕西	2.36	7.13	2.31	5.15	14
海南	-0.19	10.44	2.43	5.04	15
吉林	2.73	5.56	1.23	4.47	16
西藏	-0.73	8.84	5.19	4.43	17
内蒙古	2.09	5.92	2.02	4.32	18
四川	2.19	5.95	1.65	4.29	19
河北	3.42	4.19	1.55	4.17	20
贵州	0.76	6.83	3.24	4.11	21
宁夏	1.23	6.72	0.33	4.10	22
河南	4.34	2.53	1.66	4.01	23
广西	1.62	5.46	2.19	3.84	24
黑龙江	1.18	6.92	0.12	3.81	25
云南	0.45	7.53	1.00	3.78	26
江西	2.88	3.44	1.90	3.72	27
山西	2.28	5.24	-0.14	3.62	28
新疆	0.30	6.89	1.46	3.62	29
青海	-1.11	8.34	0.81	3.37	30
甘肃	0.53	6.06	-0.59	2.93	31

表7-9显示，产业高端化综合得分排名前五的地区分别是北京、上海、天津、浙江和广东，得分最低的五个地区分别为江西、山西、新疆、青海和甘肃。排名第一的北京市得分为12.38，而排名最后的甘肃省得分为2.93，差距明显。因此，可以看出产业高端化的区域发展存在不平衡的现象。对产业高端化评价的分析也反映出各地区高端化的特征及各地区在发展过程中的缺陷和不足。例如，北京市的各因子得分为5.20、20.58和2.15，相对于排名第二到第十的地区，因子 F_2得分较高，而因子 F_1的得分相对低。因此，可以看出北京市的产业高端化的结构较好且资源环境等较丰富，但在科研与创新方面的投入与产出方面相对其他区域较低，科技财政投入相对较少且新产品的产出较低。浙江、江苏和辽宁等省份的因子 F_3的得分为负值，可以看出其地区产业绩效表现较低。因此，要根据不同地区的发展情况和特征，采用差异化的改进或激励措施。

7.5　研究结论与政策建议

7.5.1　研究结论

本章在构建产业高端化评价模型框架的基础上，建立了产业高端化的评价指标体系，对中国31个省区市产业高端化发展水平进行了实证分析。实证结果显示：北京、上海、天津、浙江和广东等地区综合得分较高，地区产业高端化水平较高，而江西、山西、新疆、青海和甘肃等地区产业高端化得分较低。产业高端化发展水平的差异较大，存在区域不平衡的现象。

7.5.2　政策建议

推动产业高端化对于实现区域经济发展转型和促进国民经济的发展都具有重要的战略意义。我国产业高端化发展水平总体上不高，且各区域产业高端化水平差距较大，影响高端化发展的因素不统一，区域产业高端化的发展需要认清当前的现状，选择准确的产业发展路径与措施。根据研究分析结果，以下提出促进地区产业高端化发展的几条建议。

7.5.2.1　不断优化产业结构

实现产业高端化的发展需要制定科学的产业结构政策。各地区应选择高附加价值、知识密集型的产业作为发展重点，同时积极扶持具备发展潜力的产业。产业和市场结构的不断调整和升级优化可以促进高端化的发展。高端产业的发展虽存在聚集的特征，但产业整合效应和技术扩散效应不明显。产业发展园区之间需要弱化内部集聚动力协同机制，构建高端产业集聚区之间的信息共享机制，形成有联系的、有协同效应的高端产业发展体系。

7.5.2.2 持续增强产业创新能力

自主创新能力不强、产业附加值不高是我国区域产业发展中的关键问题。企业内部需要加大 R&D 经费投入强度，提高新产品的产出与有效专利的发明水平。通过与各地区高校合作、优化薪酬体系、提供较大职业发展空间等方式引进高端人才，建立校企人才联合培养机制以及完善人才评价和激励机制。政府也应保持对产业创新的持续性扶持，推进落实税收减免、科技型中小企业研发支持等鼓励政策。支持各地建立产业创新集群，持续提升产业集群的创新能力。

7.5.2.3 不断提高产业发展绩效

实现产业高端化的发展也需要制定合理的产业组织政策，所以企业需重视产业高端化的重要性。一方面，企业可以通过规范经营提高劳动生产率、提高产品附加值、获取更大竞争力，并以更低成本获得更高的利润率。另一方面，企业也能够通过引进高端人才，加大 R&D 人员投入程度，在有效提高产业创新能力的同时，提高产业的绩效。

7.5.2.4 持续改善产业资源环境

对企业来说，应积极引进核心前沿高端技术、财务资本与高端人才，引进先进的机器设备并大力推进信息化的进程。同时，政府也应持续加大对产业研发投入的支持力度，提高科技财政支出，建立完善的产学研联合机制，鼓励技术创新。在完善基础设施的基础上，还要提供良好的服务政策，进一步支持区域产业高端化的发展。

参考文献

［1］宋伟杰．国际高端产业的特征和发展途径［J］．时代经贸，2008（12）：28-31.

［2］欧阳平凯，赵顺龙．产业高端化及其评价指标体系［J］．山东科技大学学报（社会科学版），2009（01）：1-6.

［3］吴海瑾．基于产业价值链分拆理论的产业高端化研究［J］．山东社会科学，2009（02）：67，108-110.

［4］王岳龙，宋立楠，杨海波．产业高端化要慎防微笑曲线认识误区［J］．经济研究参考，2016（37）：13-17.

［5］黄斌，鲁旭．产业高端化的几个重要评价指标及国际参照［J］．科

技进步与对策，2014（12）：124-129.

［6］刘英基．我国高技术产业高端化与技术创新耦合发展实证研究［J］．软科学，2015（01）：65-69.

［7］隋映辉，毛佳．产业转型与高端战略运作［J］．科学学研究，2007（01）：69-73..

［8］韩振华，王崧．国外产业高端化发展经验借鉴研究［J］．特区经济，2009（05）：84-85.

［9］公丕明．促进高端产业发展路径研究［J］．佳木斯大学社会科学学报，2015，33（04）：59-60.

［10］李道芳，陈琳，赵恒志．产业发展现状评价的指标体系及实证研究［J］．中国行政管理，2007（09）：70-72.

［11］刘义成．高端产业发展质量评价指标体系构建［J］．兰州学刊，2009（06）：78-82.

［12］张威，王要武．产业高端化评价研究：基于直辖市和副省级城市的实证［J］．大连海事大学学报（社会科学版），2014，13（04）：14-17.

［13］张浩良，李昭琴．价值链视角下我国产业高端化评价及国际参照［J］．海南金融，2017（09）：30-36，77.

［14］袁永，邱丹逸．中国高技术产业高端化评价研究［J］．科技管理研究，2019，39（03）：86-91.

［15］付凌晖．我国产业结构高级化与经济增长关系的实证研究［J］．统计研究，2010，27（08）：79-81.

附录

1999 年至 2019 年 3 月北京市出台的高精尖产业相关政策

年份	出台政策	发文字号/发布日期
1999	关于下发《北京市关于高新技术成果产业化项目的认定办法》的通知	京计高技字〔1999〕第964号
2000	关于印发《北京市鼓励留学人员来京创业工作的若干规定》的通知	京政发〔2000〕19号
	《北京市关于加快科技企业孵化器发展若干规定（试行）》	京政发〔2000〕40号
2001	《北京市奥林匹克知识产权保护规定》	政府令〔2001〕85号
	中关村科技园区企业登记注册管理办法	政府令〔2001〕70号
	关于印发中关村科技园区发展专项资金使用管理办法的通知	京政发〔2001〕7号
	关于贯彻国务院鼓励软件产业和集成电路产业发展若干政策实施意见的通知	京政发〔2001〕4号
	关于印发中关村科技园区管理体制改革方案的通知	京政办发〔2001〕29号
	北京市人民政府办公厅关于转发《首都经济创新服务体系建设纲要》和《首都创业孵化体系建设纲要》的通知	京政办发〔2001〕34号
	关于印发北京市能源结构调整规划的通知	京政办发〔2001〕28号
	关于印发北京市“十五”时期高新技术产业发展规划的通知	京政办发〔2001〕66号
	印发关于加强知识产权工作意见的通知	京政办发〔2001〕47号
	北京市关于进一步促进高新技术产业发展若干规定的通知	京政发〔2001〕38号
	关于印发《北京市高新技术成果转化项目认定办法》的通知	京科政发〔2001〕657号
	关于印发《中关村科技园区海淀园商业发展规划（2001—2010）》的通知	京商发（规）〔2001〕56号
	关于印发《中关村科技园区高新技术企业股权奖励试点办法》的通知	京政体改发〔2001〕30号
	关于印发《北京市科技中介机构享受财政专项资金支持认定办法》的通知	京科政发〔2001〕658号
	转发北京市人民政府印发北京市关于进一步促进高新技术产业发展若干规定的通知（附件：北京市支持高新技术成果转化项目等税收政策实施办法）	京地税企〔2001〕694号
	关于印发“北京市财政支持高新技术成果转化项目等专项资金实施办法”的通知	京财预〔2001〕2395号
	关于印发《北京市专利实施资金管理办法》的通知	京知局〔2001〕44号
	关于印发《北京市风险投资机构享受财政专项资金支持确认办法》的通知	京财经一〔2001〕2356号

续表

年份	出台政策	发文字号/发布日期
2002	关于印发中关村科技园区土地一级开发暂行办法的通知	京政办发〔2002〕16号
	北京市关于扩大对内开放促进首都经济发展若干规定的通知	京政发〔2002〕12号
	北京市关于扩大对内开放促进首都经济发展若干规定的通知	京政发〔2002〕23号
	北京市人民政府办公厅转发市计委关于进一步加快发展第三产业指导意见的通知	京科政发〔2002〕177号
	关于印发北京市鼓励在京设立科技研究开发机构规定的通知	京政发〔2002〕23号
	北京市科学技术委员会关于印发《北京市科学技术奖励办法实施细则》的通知	中科园发〔2002〕5号
	北京市科学技术奖励办法	北京市人民政府令第93号
	中关村科技园区管理委员会等关于中关村科技园区住宅定向优惠销售办法（试行）	中科园发〔2002〕5号
	北京市人民政府批转市经委等部门关于进一步推动全市工业企业技术进步若干意见的通知	京政发〔2002〕21号
	北京市人民政府关于调整中关村科技园区政策区域范围的通知	京政发〔2002〕10号
	北京市人民政府印发北京生物工程与医药产业发展振兴纲要的通知	京政发〔2002〕1号
2003	关于“北京市软件企业认定和软件产品登记”工作有关事项的通知	京科信发〔2003〕145号
	关于印发《北京市高新技术产业孵化基地享受财政专项资金办理程序》的通知	京科高发〔2003〕203号
	关于认定十九项北京市高新技术成果转化项目的通知	京科高发〔2003〕210号
	北京市人民政府办公厅转发市计委关于加快本市网络计算机推广应用和产业化发展实施方案的通知	京政办发〔2003〕3号
	关于印发中关村科技园区管理体制改革方案的通知	京政办发〔2003〕63号
	关于印发《北京市技术市场行政执法实施办法》的通知	京科政发〔2003〕354号
	关于印发《北京市技术市场发展专项资金管理办法》的通知	京科条发〔2003〕559号
	北京市人民政府办公厅转发市版权局等部门关于加强计算机软件保护工作意见的通知	京政办发〔2003〕54号
	北京市人民政府关于北京经济技术开发区扩大发展用地的通知	京政发〔2003〕10号

续表

年份	出台政策	发文字号/发布日期
2004	关于进一步大力推进郊区信息化工作的意见	京政农发〔2004〕3号
	北京市农村工作委员会关于印发《北京市农业技术推广奖奖励办法》的通知	京政农发〔2004〕19号
	北京市人民政府关于2003年度北京市科学技术奖励的决定	京政发〔2004〕13号
	北京市人民政府办公厅转发市人事局等部门关于发挥首都高层次人才资源优势加强博士后工作若干意见的通知	京政办发〔2004〕32号
	北京市知识产权局关于印发北京知识产权发展和保护纲要（2004年—2008年）的通知	京知局〔2004〕58号
	北京市人民政府关于健全和完善首都人才市场体系的意见	京政发〔2004〕26号
	北京市人民政府办公厅关于本市禁止生产黏土砖有关工作的通知	京政办发〔2004〕49号
	关于印发北京市保护知识产权专项行动实施方案的通知	京政办发〔2004〕60号
2005	北京市人民政府关于进一步做强中关村科技园区的若干意见	京政发〔2005〕22号
	北京市人民政府办公厅转发市人事局市财政局关于北京市吸引高级人才奖励管理规定的通知	京政办发〔2005〕18号
	北京市人民政府关于2004年度北京市科学技术奖励的决定	京政发〔2005〕5号
	北京市人民政府办公厅关于举办2005年北京科技周活动的通知	京政办函〔2005〕21号
	北京市人事局北京市科学技术委员会关于开展“北京留学人员创业园”评价和认定工作的通知	京人发〔2005〕71号
	北京市人事局关于发布《2005年度北京高新技术产业重点发展领域人才开发目录》和《2005年度北京现代制造业重点发展领域人才开发目录》的通知	京人发〔2005〕29号
2006	北京市人民政府关于2005年度北京市科学技术奖励的决定	京政发〔2006〕9号
	关于进一步加强全科医学人才培养的实施意见	京卫科教字〔2006〕13号
	北京市人民政府关于印发北京市“十一五”时期中关村科技园区发展规划的通知	京政发〔2006〕41号

续表

年份	出台政策	发文字号/发布日期
2006	北京市人民政府办公厅关于印发北京市保护知识产权工作方案（2006—2007 年）的通知	京政办发〔2006〕58 号
	关于印发《北京市关于进一步促进大学科技园发展的若干意见》的通知	京科文〔2006〕790 号
	关于印发《北京市自主创新产品认定办法（试行）》的通知	京科高发〔2006〕731 号
	关于印发北京市“十一五”时期科技发展与自主创新能力建设规划的通知	京政发〔2006〕47 号
	关于启动北京市高职高专教育计算机软件类专业人才培养计划试点工作的通知	京教高〔2006〕37 号
2007	北京市人民政府办公厅关于印发北京市发明专利奖励办法的通知	京政办发〔2007〕33 号
	北京市人民政府关于修改《北京市人民政府关于实施（北京经济技术开发区条例）办法》的决定	北京市人民政府令第182 号
	北京市科学技术委员会关于印发《北京市科学技术奖励办法实施细则》的通知	京科政发〔2007〕87 号
	北京市人民政府关于加快首都金融后台服务支持体系建设的意见	京政发〔2007〕21 号
	北京市人民政府办公厅转发市知识产权局关于进一步加强本市专利促进工作意见的通知	京政办发〔2007〕74 号
	关于进一步鼓励海外高层次留学人才来京创业工作意见的通知	京政办发〔2007〕44 号
	关于印发《北京市鼓励企业与高校、科研院所进行产学研合作的若干意见》的通知	京科高发〔2007〕138 号
	北京市人民政府关于修改《北京市科学技术奖励办法》的决定	北京市人民政府令第 187 号
2008	关于印发中关村科技园区发展战略纲要（2008—2020 年）的通知	京政发〔2008〕41 号
	关于印发北京市中长期科学和技术发展规划纲要（2008—2020 年）的通知	京政发〔2008〕20 号
	关于印发中关村科技园区第二批百家创新型试点企业名单的通知	京政办函〔2008〕41 号
	关于在中关村科技园区开展政府采购自主创新产品试点工作的意见	京政发〔2008〕46 号
	关于印发《北京市鼓励计算机软件著作权登记办法》的通知	京权联〔2008〕1 号

续表

年份	出台政策	发文字号/发布日期
2009	《中共北京市委北京市人民政府关于建设中关村国家自主创新示范区的若干意见》	京发〔2009〕11号
	北京市人民政府办公厅转发市科委关于科技促进生态涵养发展区产业发展意见的通知	京政办发〔2009〕91号
	关于印发北京信息化基础设施提升计划（2009—2012年）及任务分工的通知	京政发〔2009〕19号
	北京市人民政府关于同意加快建设中关村国家自主创新示范区核心区的批复	京政函〔2009〕24号
	北京市人民政府关于实施首都知识产权战略的意见	京政发〔2009〕11号
	北京市人民政府关于印发《北京市鼓励海外高层次人才来京创业和工作暂行办法》和《北京市促进留学人员来京创业和工作暂行办法》的通知	京政发〔2009〕14号
	关于加快北京石化新材料科技产业基地建设若干意见的通知	京政办发〔2009〕94号
	关于印发《中关村科技园区首台（套）重大技术装备试验、示范项目实施办法（试行）》的通知	京发改〔2009〕208号
	关于下发《中关村国家自主创新示范区重大科技成果转化和产业化股权投资暂行办法》的通知	京科发〔2009〕574号
	关于印发北京市贯彻落实国务院办公厅促进生物产业加快发展若干政策实施意见的通知	京政办发〔2009〕108号
	北京市人民政府批转市发展改革委等部门关于北京市加快太阳能开发利用促进产业发展指导意见的通知	京政发〔2009〕43号
	北京市人民政府关于2008年度北京市科学技术奖励的决定	京政发〔2009〕42号
2010	北京市人民政府办公厅转发市人力社保局市财政局关于北京市高级人才奖励管理规定的通知	京政办发〔2010〕40号
	北京市人民政府批转市科委关于北京市促进设计产业发展指导意见的通知	京政发〔2010〕29号
	北京市人民政府办公厅关于举办2010年北京科技周活动的通知	京政办函〔2010〕30号
	北京市科学技术委员会关于印发《北京市科技计划项目（课题）管理办法（试行）》的通知	京科发〔2010〕52号

续表

年份	出台政策	发文字号/发布日期
2010	北京市人民政府关于推进首都科技金融创新发展的意见	京政发〔2010〕32 号
	关于印发《北京市工程技术研究中心认定与管理暂行办法》的通知	京科发〔2010〕412 号
	北京市人民政府关于修改《北京市科学技术奖励办法》的决定	北京市人民政府令第 222 号
	北京市人民政府办公厅转发市经济信息化委关于加强技术改造工作意见的通知	京政办发〔2010〕18 号
	北京市科学技术研究院关于加强北京市科普能力建设的实施意见	京科发〔2010〕268 号
	关于印发《国家科技重大专项地方配套管理办法》的通知	京科发〔2010〕272 号
	北京市人民政府关于印发北京市促进软件和信息服务业发展指导意见的通知	京政发〔2010〕4 号
	关于印发《北京市高新技术产业专业孵化基地认定和管理办法》的通知	京科发〔2010〕700 号
	关于印发《北京市关于进一步加强科技孵化体系建设的若干意见》的通知	京科发〔2010〕721 号
	北京市人民政府关于进一步加强淘汰落后产能工作的实施意见	京政发〔2010〕43 号
	关于印发《北京市科学技术奖励办法实施细则》的通知	京科发〔2010〕538 号
2011	北京市人民政府关于促进首都知识产权服务业发展的意见	京政发〔2011〕71 号
	北京市人民政府关于进一步加大统筹力度支持高技术产业发展的若干意见	京政发〔2011〕73 号
	北京市科学技术委员会关于印发《北京市重大科技创新奖评审规则》的通知	京科发〔2011〕653 号
	北京市人民政府关于 2010 年度北京市科学技术奖励的决定	京政发〔2011〕68 号
	北京市人民政府关于印发推进两化融合促进首都经济发展若干意见及任务分工的通知	京政发〔2011〕2 号
	北京市人民政府办公厅关于印发中关村科技园区管理体制改革方案的通知	京政办发〔2011〕4 号
	北京市人民政府关于贯彻国务院进一步促进中小企业发展若干意见的实施意见	京政发〔2011〕17 号
	北京市人民政府办公厅关于举办 2011 年北京科技周活动的通知	京政办涵〔2011〕29 号

续表

年份	出台政策	发文字号/发布日期
2011	关于建设国家现代农业科技城开展科技支撑与成果惠民工程的意见	京科发〔2011〕265号
	北京市人民政府关于印发北京市加快培育和发展战略性新兴产业实施意见的通知	京政发〔2011〕38号
	北京市人民政府关于印发北京市"十二五"时期能源发展建设规划的通知	京政发〔2011〕43号
	中关村国家自主创新示范区企业登记办法	北京市人民政府令第234号
	关于印发《关于促进产业技术创新战略联盟加快发展的意见》的通知	京科发〔2011〕303号
	北京市人民政府关于进一步促进科技成果转化和产业化的指导意见	京政发〔2011〕12号
	北京市人民政府关于2009年度北京市科学技术奖励的决定	京政发〔2011〕7号
	关于印发北京市"十二五"时期中关村国家自主创新示范区发展建设规划的通知	京政发〔2011〕44号
	关于印发北京市"十二五"时期科技北京发展建设规划的通知	京政发〔2011〕46号
	北京市科学技术委员会关于印发《北京市科技专项管理办法》的通知	京科发〔2011〕464号
	关于印发《中关村国家自主创新示范区技术秘密鉴定办法（试行）》的通知	京科发〔2011〕471号
	关于印发《北京市国际科技合作基地管理办法（试行）》的通知	京科发〔2011〕509号
	北京市科学技术委员会关于印发《北京市科技行政处罚裁量权实施办法》的通知	京科发〔2011〕541号
	北京市人民政府关于印发北京市"十二五"时期中小企业发展促进规划的通知	京政发〔2011〕64号
2012	《北京市支持中小企业创新融资资金管理实施细则》	京财企〔2012〕2685号附件
	北京市人民政府关于促进现代种业发展的意见	京政发〔2012〕5号
	北京市人民政府关于印发智慧北京行动纲要的通知	京政发〔2012〕7号
	北京市人民政府关于2011年度北京市科学技术奖励的决定	京政发〔2012〕8号
	关于印发《北京市科学技术委员会关于进一步促进科技服务业发展的指导意见》的通知	京科发〔2012〕44号

续表

年份	出台政策	发文字号/发布日期
2012	关于印发《北京市战略性新兴产业科技成果转化基地认定管理办法》的通知	京科发〔2012〕381号
	关于印发《北京市高新技术成果转化项目认定办法》的通知	京科发〔2012〕329号
	关于印发《北京市技术先进型服务企业认定管理办法》（2012年修订）的通知	京科发〔2012〕166号
	北京市人民政府办公厅关于举办2012年北京科技周活动的通知	京政办函〔2012〕29号
	北京市人民政府关于2012年度北京市科学技术奖励的决定	京政发〔2012〕45号
	北京市人民政府办公厅转发市知识产权局等部门关于加强知识产权工作推动战略性新兴产业发展实施意见的通知	京政办发〔2012〕56号
	北京市人民政府办公厅关于印发北京学者计划实施办法（试行）的通知	京政办发〔2012〕57号
	北京市人民政府关于进一步加强农业科技工作的意见	京政发〔2012〕39号
	北京市人民政府办公厅印发贯彻落实市委市政府关于深化科技体制改革加快首都创新体系建设意见任务分工的通知	京政办发〔2012〕61号
2013	关于印发北京市进一步促进地热能开发及热泵系统利用实施意见的通知	京发改规〔2013〕10号
	关于印发《北京市“十二五”时期科技北京发展建设规划主要目标和任务分解实施方案》的通知	京政办函〔2013〕19号
	北京市人民政府办公厅关于转发市科委市卫生局首都十大疾病科技攻关与管理实施方案（2013—2015年）的通知	京政办发〔2013〕5号
	北京市教育委员会关于印发《北京市属高等学校提高科技创新能力建设项目管理办法（试行）》的通知	京教研〔2013〕8号
	关于印发《北京市属高等学校高层次人才引进与培养三年行动计划（2013年—2015年）项目管理办法》的通知	京教人〔2013〕2号
	北京市教育委员会关于印发《北京市属高等学校创新团队建设与教师职业发展计划项目管理办法》的通知	京教人〔2013〕3号
	北京市人民政府办公厅关于举办2013年北京科技周活动的通知	京政办函〔2013〕36号
	关于印发《北京市设计创新中心认定管理办法（试行）》的通知	京科发〔2013〕177号

续表

年份	出台政策	发文字号/发布日期
2013	关于印发《北京市科技惠民计划管理办法（试行）》的通知	京科发〔2013〕186 号
	关于印发《关于进一步促进首都科技企业孵化体系建设的意见》的通知	京科发〔2013〕234 号
	北京市人民政府关于强化企业技术创新主体地位全面提升企业创新能力的意见	京政发〔2013〕28 号
	北京市人民政府关于印发加快总部企业在京发展工作意见的通知	京政发〔2013〕29 号
	北京市人民政府关于印发建设中关村军民融合科技创新示范基地行动计划（2013—2015 年）的通知	京政发〔2013〕19 号
	关于中关村国家自主创新示范区高新技术企业申请建筑业企业资质有关事项的通知（试行）	京建法〔2013〕21 号
2014	北京市人民政府关于 2013 年度北京市科学技术奖励的决定	京政发〔2014〕2 号
	关于印发加快推进高等学校科技成果转化和科技协同创新若干意见（试行）的通知	京政办发〔2014〕3 号
	关于印发《加快推进科研机构科技成果转化和产业化的若干意见（试行）》的通知	京政办发〔2014〕35 号
	关于印发《北京市属高等学校提高人才培养质量建设项目管理办法（试行）》的通知	京教高〔2014〕1 号
	关于印发《北京市示范应用新能源小客车管理办法》的通知	京科发〔2014〕46 号
	关于印发《建立高等学校科技创新和成果转化项目储备制度实施细则（试行）》的通知	京科发〔2014〕546 号
	关于印发《北京市分布式光伏发电项目管理暂行办法》的通知	京发改规〔2014〕4 号
	关于印发《北京市鼓励企业设立科技研究开发机构实施办法》的通知	京科发〔2014〕312 号
	关于印发市发展改革委等部门制定的《北京市新增产业的禁止和限制目录（2014 年版）》的通知	京政办发〔2014〕43 号
	关于印发《北京技术创新行动计划（2014—2017 年）》的通知	京政办发〔2014〕11 号
	北京市人民政府办公厅印发《关于在中关村国家自主创新示范区深入开展新技术新产品政府采购和推广应用工作的意见》的通知	京政办发〔2014〕24 号

续表

年份	出台政策	发文字号/发布日期
2014	关于印发《北京市示范应用新能源小客车财政补助资金管理细则》的通知	京财经一〔2014〕449 号
	关于印发《首都科技创新券实施管理办法（试行）》的通知	京财科文〔2014〕2515 号
	关于印发《北京市新技术新产品（服务）认定管理办法》的通知	京科发〔2014〕622 号
	北京市人民政府关于 2014 年度北京市科学技术奖励的决定	京政发〔2014〕43 号
	关于印发《中关村国家自主创新示范区产业发展资金管理办法》的通知	中科园发〔2014〕56 号
	北京市人民政府关于促进信息消费扩大内需的实施意见	京政发〔2014〕5 号
	北京市人民政府关于印发北京市进一步促进软件产业和集成电路产业发展若干政策的通知	京政发〔2014〕6 号
2015	关于印发《中关村国家自主创新示范区创业服务平台支持资金管理办法》的通知	中科园发〔2015〕61 号
	关于印发北京高等学校高精尖创新中心建设管理办法的通知	京教研〔2015〕5 号
	关于印发北京高等学校高精尖创新中心建设计划的通知	京教研〔2015〕1 号
	关于印发《关于促进中关村国家自主创新示范区集成电路设计产业发展的若干措施》的通知	中科园发〔2015〕12 号
	关于印发《中关村国家自主创新示范区一区多园协同发展支持资金管理办法》的通知	中科园发〔2015〕27 号
	北京市人民政府关于印发《〈中国制造 2025〉北京行动纲要》的通知	京政发〔2015〕60 号
	北京市人民政府办公厅转发《市知识产权局等单位关于深入实施首都知识产权战略行动计划（2015—2020 年）》的通知	京政办发〔2015〕32 号
	北京市知识产权局关于印发《北京市举报假冒专利行为奖励办法（试行）》的通知	京知局〔2015〕10 号
	关于印发《加快发展首都知识产权服务业的实施意见》的通知	京知局〔2015〕21 号
	关于印发《北京市加强专利运用工作暂行办法》的通知	京知局〔2015〕30 号
	关于印发《北京市专利资助金管理办法实施细则（试行）》的通知	京知局〔2015〕38 号
	关于印发市发展改革委等部门制定的《北京市新增产业的禁止和限制目录（2015 年版）》的通知	京政办发〔2015〕42 号

续表

年份	出台政策	发文字号/发布日期
2015	关于印发北京市推动科技金融创新支持科研机构科技成果转化和产业化实施办法的通知	京金融〔2015〕80号
	关于印发《北京高校学生访学项目管理办法（试行）》的通知	京教高〔2015〕9号
	关于印发《北京高等学校高水平人才交叉培养“实培计划”项目管理办法（试行）》的通知	京教高〔2015〕11号
	关于印发《北京市推进文化创意和设计服务与相关产业融合发展行动计划（2015—2020年）》的通知	京政发〔2015〕20号
	关于加快推进中关村生物医药医疗器械及相关产业发展的若干意见	京政办发〔2015〕9号
	北京市人民政府关于创新重点领域投融资机制鼓励社会投资的实施意见	京政发〔2015〕14号
	关于印发《北京市进一步促进能源清洁高效安全发展的实施意见》的通知	京政办发〔2015〕28号
	北京市人民政府关于加快首都科技服务业发展的实施意见	京政发〔2015〕25号
	北京市人民政府关于大力推进大众创业万众创新的实施意见	京政发〔2015〕49号
	《北京市示范应用新能源小客车管理办法》（2015年修订）	京科发〔2015〕458号
	关于促进北京市智能机器人科技创新与成果转化工作的意见	京科发〔2015〕286号
	北京市教育委员会关于认定第一批北京高等学校高精尖创新中心的通知	2015年8月28日
2016	《关于促进中关村智能机器人产业创新发展的若干措施》	中科园发〔2016〕10号
	关于印发修订《关于鼓励跨国公司在京设立地区总部的若干规定实施办法》的通知	京商务总部字〔2016〕3号
	关于印发《关于促进总部企业在京发展的若干规定实施办法》的通知	京商务总部字〔2016〕4号
	北京市人民政府关于印发《北京市“十三五”时期信息化发展规划》的通知	京政发〔2016〕57号
	印发《关于推动中关村国家自主创新示范区一区多园统筹协同发展的指导意见》的通知	中示区组发〔2016〕2号
	关于印发《北京市促进科技成果转移转化行动方案》的通知	京政办发〔2016〕50号

续表

年份	出台政策	发文字号/发布日期
2016	关于印发《进一步加强北京市企业技术中心建设实施方案》的通知	京经信委发〔2016〕56号
	关于发布《北京市产业创新中心实施方案》的通知	京经信委发〔2016〕48号
	关于印发北京高等学校高精尖创新中心建设计划实施方案的通知	京教研〔2016〕5号
	关于进一步优化提升生产性服务业加快构建高精尖经济结构的意见	京政发〔2016〕25号
	中共北京市委关于深化首都人才发展体制机制改革的实施意见	2016年6月13日
	关于印发《北京市鼓励发展的高精尖产品目录（2016年版）》和《北京市工业企业技术改造指导目录（2016年版）》的通知	2016年5月23日
	关于印发《中关村国家自主创新示范区产业发展资金管理办法》的通知	中科园发〔2016〕15号
	关于印发北京经济技术开发区绿色低碳循环发展行动计划的通知	京发改〔2016〕94号
2017	《北京市推进两化深度融合推动制造业与互联网融合发展行动计划》的通知	京制创组发〔2017〕2号
	北京市人民政府关于加快知识产权首善之区建设的实施意见	京政发〔2017〕4号
	关于组织开展“疏解整治促提升”专项行动（2017—2020年）的实施意见	京政发〔2017〕8号
	关于印发《北京市“十三五”时期现代产业发展和重点功能区建设规划》的通知	京政发〔2017〕6号
	北京市人民政府关于支持中医药振兴发展的意见	京政发〔2017〕9号
	关于印发《北京市“一带一路"国家人才培养基地项目管理办法（试行）》的通知	京教外〔2017〕4号
	关于印发《北京市“十三五”时期能源发展规划》的通知	京政发〔2017〕18号
	关于印发《北京市工业污染行业生产工艺调整退出及设备淘汰目录（2017年版）》的通知	京政办发〔2017〕33号
	关于支持和鼓励高校、科研机构等事业单位专业技术人员创新创业的实施意见	京人社专技发〔2017〕117号

续表

年份	出台政策	发文字号/发布日期
2017	关于印发《首都科技领军人才培养工程实施管理办法》的通知	京科发〔2017〕64号
	关于印发《北京市科技新星计划管理办法》的通知	京科发〔2017〕65号
	印发《关于财政支持疏解非首都功能构建高精尖经济结构的意见》的通知	京政办发〔2017〕35号
	关于印发《北京学者计划实施办法》的通知	京政办发〔2017〕41号
	关于印发北京市属高等学校科技创新平台建设管理办法的通知	京教研〔2017〕14号
	关于印发北京高等学校卓越青年科学家计划管理办法的通知	京教研〔2017〕15号
	关于印发《北京市推广应用新能源商用车生产企业及产品备案管理细则》的通知	京经信委发〔2017〕61号
	关于印发《北京市高精尖产业发展资金管理暂行办法》的通知	京经信委发〔2017〕74号
	关于2017年度北京市科学技术奖励的决定	京政发〔2017〕31号
	关于加快科技创新构建高精尖经济结构用地政策的意见（试行）	京政发〔2017〕39号
	关于印发加快科技创新构建高精尖经济结构系列文件的通知	2017年12月20日
	关于印发《关于进一步促进展览业创新发展的实施意见》的通知	京商务贸发字〔2017〕37号
	关于印发《北京高精尖产业设计中心认定管理办法》的通知	2017年12月28日
	关于印发《中关村国家自主创新示范区提升创新能力 优化创新环境支持资金管理办法实施细则（试行）》的通知	中科园发〔2017〕42号
	关于印发《中关村国家自主创新示范区一区多园协同发展支持资金管理办法实施细则（试行）》的通知	中科园发〔2017〕39号
	关于发布《加快全国科技创新中心建设促进重大创新成果转化落地项目管理暂行办法》的通知	京经信委发〔2017〕47号
	关于印发北京“高精尖”产业活动类别的通知	2017年5月2日
	印发《中关村国家自主创新示范区提升创新能力 优化创新环境支持资金管理办法》的通知	2017年4月5日
	关于精准支持中关村国家自主创新示范区重大前沿项目与创新平台建设的若干措施	2017年4月6日

续表

年份	出台政策	发文字号/发布日期
2018	《北京市中药产业智能绿色发展示范工程实施方案》的通知	京经信委发〔2018〕73号
	印发《北京市引进人才管理办法（试行）》的通知	京人社调发〔2018〕38号
	关于进一步支持企业上市发展的意见	京政办发〔2018〕21号
	关于印发《进一步做好总部企业知识产权工作促进总部经济创新发展的若干措施》的通知	京商务总部字〔2018〕4号
	关于开展第三批北京市创业孵化示范基地认定工作的通知	京人社服发〔2018〕144号
	关于优化住房支持政策服务保障人才发展的意见	京建法〔2018〕13号
	印发《关于推进文化创意产业创新发展的意见》的通知	京发〔2018〕14号
	关于印发市发展改革委等部门制定的《北京市新增产业的禁止和限制目录（2018年版）》的通知	京政办发〔2018〕35号
	关于印发《北京市加快医药健康协同创新行动计划（2018—2020年）》的通知	京政办发〔2018〕37号
	关于2018年度北京市科学技术奖励的决定	京政发〔2018〕27号
	印发《关于支持和鼓励市属高校专业技术人员创新创业的实施办法》的通知	京教人〔2018〕32号
	关于印发《北京创新型总部经济优化提升三年行动计划（2018—2020年）》的通知	京商函字〔2018〕170号
	关于印发《北京市智能网联汽车创新发展行动方案（2019年—2022年）》的通知	京经信发〔2018〕9号
	关于印发《加快新首钢高端产业综合服务区发展建设打造新时代首都城市复兴新地标行动计划（2019年—2021年）》的通知	京办发〔2018〕30号
	印发《关于全面加强新时代首都技能人才队伍建设的实施意见》的通知	京办发〔2018〕31号
	关于印发《中关村高新技术企业库管理办法（试行）》的通知	中科园发〔2018〕55号
	关于印发《北京市进一步优化营商环境行动计划（2018年—2020年）》的通知	2018年7月18日
	关于印发《北京市促进金融科技发展规划（2018年—2022年）》的通知	中科园发〔2018〕40号

续表

年份	出台政策	发文字号/发布日期
2018	印发《北京市科技创新基地培育与发展工程专项管理办法（试行）》的通知	京科发〔2018〕100号
	关于印发《〈关于精准支持中关村国家自主创新示范区重大前沿项目与创新平台建设的若干措施〉实施办法（试行）》的通知	中科园发〔2018〕17号
	关于印发《促进在京高校科技成果转化实施方案》的通知	教技司〔2018〕115号
2019	关于印发《北京经济技术开发区企业投资项目承诺制改革试点实施方案（试行）》的通知	京政办发〔2019〕3号
	关于印发《〈中关村国家自主创新示范区促进科技金融深度融合创新发展支持资金管理办法〉实施细则（试行）》的通知	中科园发〔2019〕7号
	印发《关于进一步加快热泵系统应用 推动清洁供暖的实施意见》通知	2019年1月21日
	印发《关于精准支持中关村国家自主创新示范区重大前沿项目与创新平台建设的若干措施》的通知	中科园发〔2019〕11号
	关于印发《强化创新驱动 科技支撑北京乡村振兴行动方案（2018—2020年）》的通知	京科发〔2019〕2号